ポピュラー音楽再考

グローバルからローカルアイデンティティへ

東谷護 TOUYA Mamoru 編著

せりか書房

ポピュラー音楽再考——グローバルからローカルアイデンティティへ　目次

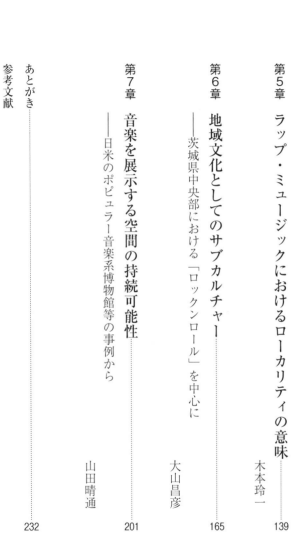

はじめに——コンテンツと呼ばれるほど音楽は〈軽く〉ない

東谷　護

二〇世紀も終わりが見えたころ、コンテンツという言葉を目に耳にすることが増えた。その少し前の一九九五年にマイクロソフト社が発売したWindows《ウインドウズ》95という新たなオペレーティングシステム（OS）と、一九九八年にアップルコンピュータ（Apple Computer, Inc.）が華やかな彩りのiMac《アイマック》を発売したことによって、コンピュータの知識が乏しい人たちにも簡単に使いこなすことが出来るようになっていくと感じたことを私は鮮明に覚えている。その後のインターネットの急速な普及は言を俟たない。今思えば、それは音楽がより「手軽」になることとの予兆だった。

二一世紀を迎えてからの我々を取り巻くメディア環境の変化、いや激変はここに改めて記すまでもないだろう。もちろん、ポピュラー音楽の置かれた状況も激変した。それは作り手側だけにとどまらず、聞き手側、すなわち音楽聴取の方法においてもだ。レコード、CDを購入し手元に「所有する」ことから、インターネットからダウンロードしたり、ユーチューブ（YouTube）などの動画サイトを楽しんだりといった「参照する」という新たな音楽への接し方に変わったことなど好例である。

　なるほど、楽曲やそれを媒介するものがデジタル化したことによる遍在化は、情報量の「軽量化」によってもたらされたものである。たとえば、楽曲をデータ、音楽ファイルとして記録媒体に収めてしまうとき、動画やゲームと比べて、音楽データは「軽い」と言われている。しかしながら、この「軽量化」は、音楽文化自体の「軽さ」を意味するものではない。あくまで、数値化されたデジタルな意味での情報量の軽さであることを忘れてはならない。この遍在化は、環境的な側面のみならず、CD化すらされていない過去の多様な楽曲が媒介される側面も持ち合わせている。そこには、音楽文化に歴史的な厚味を持たせる可能性が内在されている。

　本書では、二〇世紀初頭から現代に至るまでのポピュラー音楽をたんなる流行現象とみなさず、歴史的視点から考察することによって、ポピュラー音楽の持つ豊潤な文化を解き明かす。なお、時代順に論考を配置したので、各論考が対象とする文化史、社会状況などを視野にいれて読み進めると、面白みも増すだろう。読者の知的好奇心を刺激することが出来れば、本書の目的の一つは成功と言えよう。

第1章　音楽ジャンルの歴史にみられる記号の推移

——ティン・パン・アレーとジャズを事例として

エドガー・W・ポープ

はじめに

音楽の「ジャンル」というものは定義しにくい流動的なものだが、社会の中で意味を持つものでもあり、ジャンル自体とその社会的コンテクストが変動するとともに、その意味も変動する。このような変動にはパターンがあると考えられる。音楽における記号、とりわけ「異国」や「自国」の概念との関連性のある記号とその歴史的な変化について私が考察し始めたのは博士論文*Songs of the Empire: Continental Asia in Japanese Wartime Popular Music*（Pope 2003）だったが、本稿の土台となる「記号の推移」のモデルについては『ポピュラー音楽から問う』（二〇一四年）という論集と、その基となったシンポジウムで紹介した（ポープ 2012, 2014）。これらの中で私は、以下に示すモデルに基づいて「明清楽」という江戸時代から明治時代初期まで日本で流行した中国系音楽の変遷を分析した（ポープ 2014）。また、二〇一五年に井手口彰典がこれを日本の童謡史の分析に援用した（井手口 2015）。本章では、このモデルをアメリカのポピュラー音楽史、とりわけティン・パン・アレー（Tin Pan Alley、一八八〇年代後半から一九五〇年代にかけてのポピュラーソングの主流）とジャズという二つのジャンルの分析に援用したい。これらの分析を通して、ジャズとティン・パン・アレーは、両方とも最初は「エキゾチズム」と関わり、二〇世紀の終わり頃までにそれぞれのコンテクストで「国民的」と見做されるようになったことを明らかにする。

まずは「記号の推移」のモデル（図1）を簡単に説明しよう。

このモデル（図1、ポープ 2014: 12）はある社会の「外」から受容される文化の要素、とりわけ音楽の要素、すなわちジャンル、楽曲、楽器、旋律、リズムなどに関わる意味や社会的イメージの典型的な変化の流れを表示するものである。最初は「未知」だったものが、ある程度知られるようになると「エキゾチズム」としての魅力を獲得する。未知のものをエキゾチックにするために、すなわち聴衆に受け入れられやすくするために、しばしば未知の要素を身近な要素と組み合わせたり、身近な「枠組み」（演奏場所、メディア、形式など）を通して提示したりする。エキゾチックとなったものは近現代社会の文化の中で、「国際的」や「モダン」と見做される場合も、ネガティブな意味で「退廃的」、あるいは自分の文化に悪い影響を与えるものと見做されるなど「反エキゾチズム」といえる反応を引き起こす場合もある。時間が経つと、エキゾチックだったものは多くの場合「普通」となる。すなわち外国・異文化との記号的な関係が薄くなり、日常的で身近なものと感じられるようになることがよくある。音楽ジャンルの場合、この段階で「主流」となり多様化することもある。日本の三味線音楽が江戸時代の間に多様化したなどは好例といえよう。さらに時間が経つと、他のジャンルの流行によって「普通」だったものが廃れ始め、今度は「懐か

忘れ去った ←	懐かしい ←	普通 ←	エキゾチック ←	未知
	（国民的）		（国際的）	
	（伝統的）		（モダン）	
	（時代遅れ）		（退廃的）	

図1　異文化受容：記号の推移（出所：ポープ 2014: 12）

しい」ものとなる。場合によっては「国民的」「伝統的」、あるいはネガティブな意味では「時代遅れ」と見做される。この段階では前段階の多様性が減り、「国民的」という新しい位置付けに合っていないと見做される楽曲や要素が忘れられることもある。そして、さらに時間が経つと、忘れ去られたものとなってしまう。

私は、歴史の流れの中でこのような典型的な変化のパターンがよく現れると考察したが、機械的なプロセスだとは言っていない。各段階において音楽のジャンルや要素の意味が必然的に決定されるのではなく、ある範囲内で商業的や政治的、イデオロギー的な状況と個人の目標によってその意味が形成されると考えている。

1　一九世紀アメリカにおける黒人音楽

1・1　アメリカにおける「エキゾチズム」と「国楽」の関係

まず「国民的な音楽」と「エキゾチズム」の関係の背景について、概観しておこう。エキゾチズム（異文化情緒）は異文化接触がある限りどの時代にもあったと思われるが、「国民」と「国民的な音楽」は近代に生まれた概念である。一八世紀からヨーロッパの知識人が各地の民謡に関心を持ち、一七六〇年代に出版され始めた民謡集や民俗音楽研究を通して「国楽」（national music）という概念が形成された。スコットランドの哲学者のジェームズ・ビーティー（Beattie, James）の一七七〇年代に発表された説によれば、ある国の音楽性は作曲家の才能よりもその国の言語や風景によって特徴付けられるものであるという。彼はスコットランド低地の本物の国楽は羊飼いが作って代々受け継いだ音楽だと考えられたことを例示した（Beattie 1779: 164-181）。上流階級の音楽ではなく、一般庶民や百姓の音楽こそが国民の音楽であるというビーティーの考えは、フランス革命以降、多くの音楽研究者や思想家に影響を与えた（Gelbart 2009: 364-367）。一九世紀の国家主義的な運動の中で「国民国家」という政治的概念が広がると、ノルウェーのグリーグ、チェコのスメタナとドヴォルザーク、そしてロシアのグリンカなど、芸術音楽の作曲家が自国の民謡や民俗音楽を素材にして、「国楽」（national music）と呼ばれる芸術音楽を作る動きも広がった。

音楽の出版やコンサートの業界が国際的になった一九世紀においては、このような「国楽」は「エキゾチズム」と裏表の関係にあった。たとえば、ロシアの作曲家がロシア民謡を利用して作曲したとすると、その作品はサンクトペテルブルクだけでなく、パリやロンドンでも演奏されることがある。ロシア国内では「国楽」である作品は、イギリス人やフランス人の聴き手にとってロシアに対する「エキゾチズム」として経験されるだろう。またこうした国楽の裏側にあるエキゾチズムに加えて、ヨーロッパの作曲家は、インドや中国といった植民地主義や交易によってヨーロッパ人に知られるようになった非西洋の国々とその音楽を表象した音楽作品も、数多く作り出した。このように一九世紀の間に西洋芸術音楽におけるエキゾチズムは範囲を広げた（Locke 2009: 126-135）。

この中で、一八世紀終わりに誕生したアメリカ合衆国（と他の北米・カリブ海・南米の国々）は「国楽」に関して独特な問題に直面した。それは、移民の国で奴隷制のある国において、「国民」とは誰か、「国民的な音楽」とは何であるか、という問題である。こうした問題は、特にアフリカ系アメリカ人とその音楽に関して、アメリカの歴史的変遷の中で何回も現れてくる。すなわちヨーロッパ系住民の主流社会からみるとほとんど「未知」だったアフリカ系住民の文化は、最初に国内の「エキゾチック」な異文化と見做されるようになり、それが次第に「国民」の文化として認められ、最終的に黒人と人種差別の歴史はアメリカ史の一つの中心的な物語と広く見做されるようになった。そのプロセスは本章で取り上げるティン・パン・アレーの誕生とジャズの社会的イメージの変遷に深く関わるものである。

1・2　黒人表象におけるアイルランド・スコットランド歌謡様式の利用

一九世紀前半のアメリカでは、ヨーロッパで出版される民謡集の中でも特にアイルランドとスコットランドの歌曲集、とりわけジェームズ・ジョンソン（Johnson, James）の *Scots Musical Museum*（1787）、ジョージ・トムソン（Thomson, George）の *A Select Collection of Original Scottish Airs for the Voice*（1793）、及びトーマス・ムーア（Moore, Thomas）の *Irish Melodies*（1808）（写真1）が大変流行した。一八世紀から一九世紀半ばにかけてスコットランドとアイルランドからのアメリカへの移民が続いており、一世や二世にとってそのような歌曲は「懐かしさ」「ノスタルジー」の対象だったかもしれないが、アイルランドやスコットランドと直接関係のないアメリカ人にとっては最初に一種の「エキゾチズム」として感じられたこともあっただろう。いずれにしてもこの歌曲集にみられる音楽のスタイルは一九世紀を通じて発展したアメリカの「普通」のポピュラー・ソング・スタイルに大きな影響を与えた。

とりわけトーマス・ムーアが歌詞をつけて出版した伝統的なアイリッシュ・メロディの音楽的な特徴をみると、長音階のメロディが多くの場合「AABA形式」となっている。以下に提示する

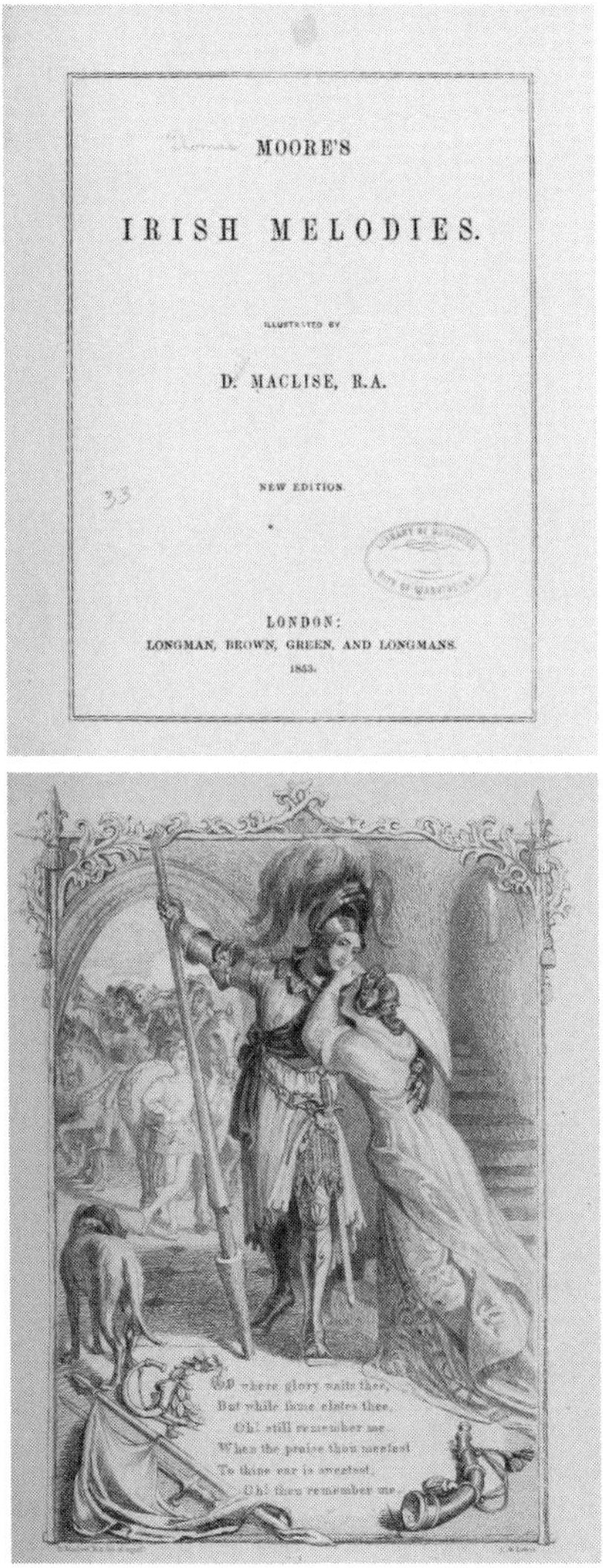

写真1　Moore's Irish Melodies（1853版）

The Minstrel Boy

The min - strel boy__ to the war is gone, In the ranks of death__ you'll__ find him; His
5
fa - ther's sword__ he has gir - ded on, And his wild harp slung__ be - hind him.
9
"Land of song!" said the war - rior bard, "Tho' all the world be - trays__ thee, One
13
sword, at least,__ thy__ rights shall guard, One__ faith - ful harp__ shall__ praise thee."

図2　AABA形式の「アイリッシュ・メロディ」の典型的な例

《The Minstrel Boy》（図2）の旋律は、AABA形式の典型的な例である。

この図2にみられるように、これは四小節ずつの四つのセクションから成る一六小節の楽曲である。すなわち、Aメロディが歌われ、違う歌詞でもう一回歌われてから、それとは対照的なBメロディが歌われ、最後にもう一度Aメロディに戻る。歌詞はイングランド帝国主義に抵抗するアイルランド精神を表現する愛国的・軍事的なものだが、アメリカでも流行し、南北戦争のときに北部の兵士たちがよく歌ったと言われている。このように歌詞を再解釈したり変えたりしながら、一九世紀のアメリカ人はアイルランドやスコットランドの歌曲の音楽的特徴を身に着けて、「普通」に感じるようになったと思われる。

こういったアイルランド歌曲集の影響下に作られたアメリカの歌曲も多く、特に重要なものはアメリカ初のプロフェッショナルなポピュラーソング作曲家であ

図3　スティーブン・フォスター作曲による AA′BA″形式の楽曲

るスティーブン・フォスター（Foster, Stephen Collins）の作品である。たとえば一八五四年に作曲した《Jeanie with the Light Brown Hair》（図3）は、《The Minstrel Boy》と同じく一六小節のメロディであり、基本的に同じような「AABA形式」である（二回目と三回目のAメロディは一回目と少し異なるので厳密にいえば「AA′BA″形式」の曲である）。また《The Minstrel Boy》と同様に、楽曲のタイトルが歌詞の一行目に含まれる。

　この歌詞の内容は感傷的でノスタルジックであり、「アイルランド」を連想させるエキゾチックな内容はない。このように「AABA形式」を含むアイルランドやスコットランドの歌曲に由来する様式は、アメリカのポピュラーソングにおいて「普通」化しつつあったと言えよう。（ベートーヴェンの第九の「歓喜の歌」をはじめ、当時よく知られていたヨーロッパの芸術音楽の作品の中でも「AABA」形式の部分がみられるが、一般のアメリカ人にとってはスコットランドとアイルランドの歌曲集の方が身近なものだったと思われる。）

同じ一九世紀、とりわけ一八四〇年代から一八八〇年代にかけては、アフリカ系アメリカ人とその文化を舞台で表象する「ミンストレルショー」がアメリカで大流行し、大衆エンターテインメントとして繁栄した時代であった。音楽やダンス、コメディを伴うミンストレルショーは、主に顔を黒く塗った白人の俳優によって演じられた。「エチオピアン・ミンストレルジー（Ethiopian Minstrelsy）」とも呼ばれており、白人の聴衆にとって、その魅力の一部は「アフリカ系」の国内エキゾチズムであったに違いない。フォスターの最もよく知られている楽曲の中でも、《Oh Susanna》や《Camptown Races》というミンストレルショーのために作った「エチオピアンソング」が多数ある。それらの楽曲のメロディはアフリカ系アメリカ人の音楽の間接的な影響を反映する軽いシンコペーションを含むものの、基本的にアフリカ系ではなく、フォスターらしいアイルランド・スコットランド系の様式であり、白人の聴き手にとって多少「エキゾチック」でありながら親しみやすいものだったと思われる。(注1)

その親しみやすさは、一部の白人のミンストレル歌曲に対する「反エキゾチズム」を克服する効果があったかもしれない。フォスター自身が一八五二年の手紙でそのような楽曲に対する偏見があると述べ、自分が適切な歌詞を付けることによって「育ちの良い人々の間でエチオピアンソングの趣味を培うことに大きく貢献した」と主張した。(注2) ここから、フォスターは、彼自身がこのジャンルに対するアメリカの中流・上流階級の反応を「反エキゾチズム」から「エキゾチズム」のほうにシフトさせ、「アフリカ系」と見做された一種の音楽をアメリカの主流文化に導入することに貢献したと思っていたことが読み取ることが出来る。

1・3　黒人音楽に見出された「国楽」の要素

一八六五年はアメリカの南北戦争が終わり、奴隷制が廃止された年である。実際には奴隷制の代わりに新しい抑圧制度が形成され、黒人に対する暴力と人種差別が継続した。しかしその中でも黒人音楽に対する白人の関心は、一九世紀終わり頃に高まっていた。たとえば一八六七年に、黒人霊歌等を含む民謡集 *Slave Songs of the United States* が奴隷制度廃止運動の活動家三人によって出版された（Allen, Ware, and Garrison 1867, 1996）。アフリカ系アメリカ人の民謡集が刊行されたのは初めてで、ヨーロッパにおける民謡集の流れを受けたものである。ヨーロッパの民謡集が各国の「国楽」の土台として扱われていたことを考えると、この出版物は「アメリカの国楽」という概念の形成に関して大きな潜在的な意義を持っていたといえよう。

アフリカ系アメリカ人の音楽活動も多様化しており、白人がそれを見聞きする機会も増えていた。一八六七年以降は黒人のミンストレルショーの劇団が多くなった（Brown and Day 1975: 77）。またフィスク・ジュビリー・シンガーズ（Fisk Jubilee Singers）という、黒人のための大学であるフィスク大学の合唱団は一八七一年から、霊歌等の黒人の民謡をヨーロッパ風のアレンジで歌ってコンサートを催し、アメリカ中で人気を集めた。この合唱団のレパートリーは黒人の民謡だけでなく、スティーブン・フォスターの「エチオピアンソング」も含まれており、実際の黒人音楽と黒人文化を表象する「エキゾチズム」両方を白人聴衆に受け入れられやすい様式で演奏したものだった。一八八〇年代の終わりまでに多数の類似の黒人合唱団がアメリカ各地で活躍していた（Abbott and Seroff 2009: 42-45）。

そうした中で、ヨーロッパの「国楽」の有名人が刺激的な発言をした。一八九三年五月二一日のニューヨーク・ヘラルド（*The New York Herald*）紙の記事で、ニューヨーク滞在中のチェコの作曲家アントニン・ドヴォルザーク（Dvořák, Antonín Leopold）が次のように述べたのだ。

私は、アメリカの黒人メロディに、偉大で崇高な音楽流派に必要なもの全てを見出す。

これは当時の芸術的な「国楽」の考え方に沿った発言であり、黒人のメロディはそのままで偉大な音楽であるという意味ではなく、作曲家の素材として偉大な音楽の土台になることが可能だ、という意味だったのだろう。それに対するアメリカの作曲家や知識人の反応は賛否両論だったが、ドヴォルザークが明確に表現したのは、*Slave Songs of the United States* が出版されて以降潜在的に存在していた思想だったといえる。アメリカとその人種問題から距離をもつヨーロッパ人であるドヴォルザークはアメリカ自体に対してエキゾチズムを感じ、それゆえに黒人音楽を「アメリカの国内エキゾチズム」ではなく「アメリカの音楽」の基礎としてはっきりとみることが出来たのかもしれない。

　また、一八九三年一二月にドヴォルザークの交響曲第九番《新世界より》がニューヨークで初演された。この作品の主題はドヴォルザークがアフリカ系アメリカ人の学生（のちに作曲家になった）ハリー・T・バーレー（Burleigh, Harry T.）が歌った黒人霊歌にインスピレーションを受けて作曲したメロディを含む。ドヴォルザークは、黒人メロディを素材にアメリカの国楽を作ることが可能だと述べただけでなく、それをどうやって作るのかを実際に作ってみせたわけである。

　同じ一八九三年の夏に開催されたシカゴ万国博覧会（World's Columbian Exposition）は二千万人ほどのアメリカ人に中東のベリーダンス、ハワイのフラ、インドネシアのガムラン等非西洋の音楽とダンスを見聞きする機会を与えた。その影響でアメリカ人の「エキゾチック」な音楽に対する関心が高まり、多様化したと同時に、「アメリカの音楽とは何か」という問いに対する関心も高まったことだろう。ついには、万博会場周辺の飲み屋で演奏したり交流したりしていたアフリカ系アメリカ人のピアニストたちが、ラグタイム（ragtime）というシンコペーションに溢れた新しい音楽ジャンルを形成した（Peretti 1997: 12）。「アメリカの音楽とは何か」という問いへの答えを目の前に出すかのように、ラグタイムは一九〇〇年までにアメリカ全土に広がり大流行した。

2 ティン・パン・アレーとジャズ

2・1 「普通」の様式内の「エキゾチズム」

同じ一九世紀の終わりに、いわゆる「ティン・パン・アレー（Tin Pan Alley）」という音楽業界がニューヨーク・シティで誕生した（写真2）。一八八五年頃から音楽出版社が集まるマンハッタン区域の一角のニックネームだったその語は、次第にアメリカのポピュラーソング業界全体、そしてその業界が大量生産していた楽曲の様式をも意味するようになった。なお、一九二〇年代のレコード産業の成長期以前に、ティン・パン・アレーの主な商品はアマチュア向けのピアノとボーカルの楽譜であった。比較的安くて場所を取らないアップライト・ピアノがその当時、中流階級の家でも手が届くものとなって流行したことが、ティン・パン・アレーのような楽譜産業の維持を可能にした。

一九一〇年代以降のティン・パン・アレーにおいては東ヨーロッパ出身のユダヤ人移民が作曲家や作詞家、出版社の経営者として中心的な役割を果たし、アフリカ系アメリカ人も数は少ないものの活躍していた。ポピュラーソング産業自体が「エキゾチック」と見做されたわけではないが、多民族的な大都市における「モダン」なエンターテインメント産業として先駆的なものであった。いわゆる「ソング・プラガー」が街角やデパートの楽譜売り場で新譜の楽曲を歌うといった宣伝方法を通して、ティン・パン・アレーはアメリカのモダンな都市文化とその「サウンドスケープ」に大きな影響を与えた（Suisman 2012）。

　ティン・パン・アレーの楽曲の様式は色々あったが、一九二〇年代から一九五〇年代までその大半は「ヴァース」（前歌）と、フォスターの曲とそれ以前のスコットランド・アイルランド民謡に由来する「AABA形式」の「コーラス」（本歌）という形式だった。[注3]特に「A」セクションの歌詞が楽曲のタイトルを強調する場合が多い。二回繰り返される「A」旋律に親しくなり、対照的な「B」旋律によって「旅」に導かれ、また親しい「A」旋律に戻る、というパターンで聴き手の感情経験をある程度、様式化するその形式は「普通」となり、様々な種類の歌詞内容に応用された。

写真2　ティン・パン・アレー（Tin Pan Alley, 1910年）

　このような様式的枠組みが標準化される中でテーマが多様化した。事例をいくつか見よう。[注4]作曲家と歌詞家の大部分は男性であり、《My Dear One》のような女性に対するラブソングが多かった。都市化が進んでいる時代を反映する《Up Broadway》や《I'm Living on 5th Avenue》のような田舎から大都市へ移り住んだ喜びをテーマにしたもの、反対に大都市に来たけれども田舎に帰りたいという気持ちを表現する《Down on the Farm》や《I Want to Go Back to Michigan》などがあった。また第一次世界大戦時には、《Wake Up, America, Wake Up》（写真3）のような戦意を高揚するものが多くなった。

一九一〇年代頃から、エキゾチズムの対象となっていた国や地域とその住民、とりわけ「エキゾチック」で美しい女性のイメージを描く楽曲が数多く出版された。たとえば《My Rose of Normandie》（写真4）はフランスのノルマンディー地方の女性、《I Lost My Heart in Honolulu》（写真5）は一八九八年にアメリカ合衆国の準州になったハワイの女性をテーマにした。また、《Chinatown, My Chinatown》（写真6）のような、大都市で成長していた中華街のエキゾチックな風景を描くものがある。

こうした中で、北部の消費者が主な市場だったティン・パン・アレーはアメリカの南部をテーマにした楽曲も数多く作り、その中でもミンストレルショーに由来する南部の黒人のイメージが現れることが少なくない。格好の例として、表紙に綿花の梱《こり》の上に座ってバンジョーを引く黒人が描かれている《Anything is Nice if it Comes from Dixieland》（写真7、26頁）をあげておこう。

このように多様なテーマを、音楽様式と楽譜の表紙を含むティン・パン・アレーの商品という「普通」の枠組みを通して、想像上の黒人のイメージを含む様々な「エキゾチズム」も消費者に提

写真 3　Wake Up America, Wake Up (1918)

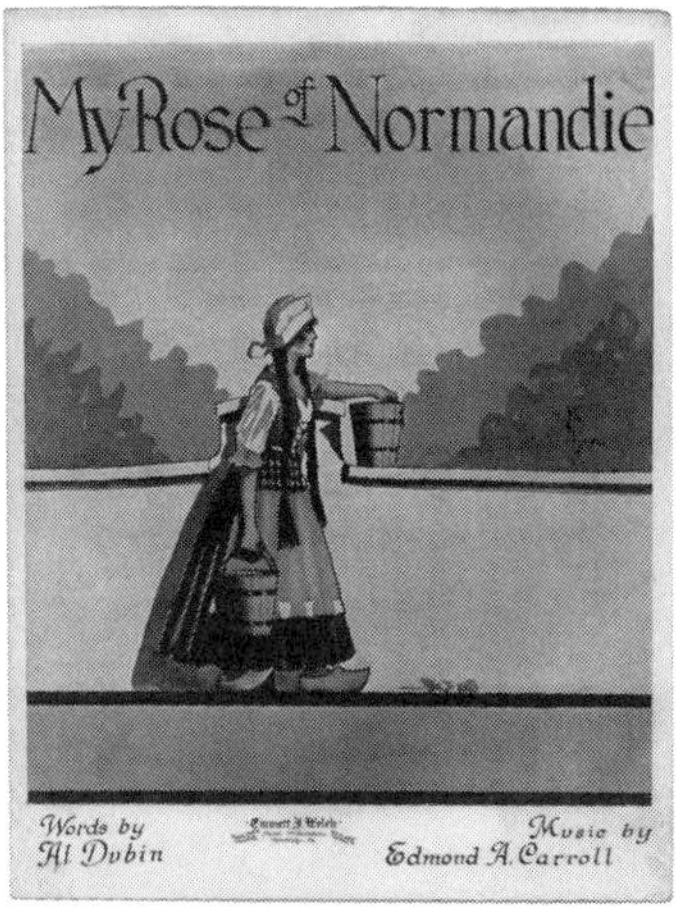

写真 4　My Rose of Normandie (1914)

写真 5　I Lost My Heart in Honolulu (1916)

写真 6　Chinatown, My Chinatown (1910)

写真7　《Anything is Nice if it Comes from Dixieland》(1919)

写真8　《Come to the Beautiful Ragtime Ball》(1915)

供された。

2・2　ティン・パン・アレーによるジャズの「普通」化

一八九〇年代から大流行したラグタイム音楽のシンコペーションなど音楽的特徴がティン・パン・アレーの音楽様式に大きく影響を与え、楽曲のタイトルや歌詞にも「ラグタイム」がよく言及されるようになった。たとえば《Come to the Beautiful Ragtime Ball》(写真8)という楽曲はラグタイムのダンス集会をテーマにし、表紙には洒落た白人カップルがダンス集会に到着するイメージを想起させる。当時は社交ダンスが流行った時代であり、一九一〇年代にはオーケストラによるラグタイムのダンス音楽が広まっていた。とりわけヴァーノン&アイリーン・カッスル(Vernon and Irene Castle)という白人夫婦の社交ダンス教師がダンスのレッスンや公演、そしてヴァーノン・カッスルが執筆した教本Modern Dancingを通して、ラグタイム系のダンスをアメリカ中に普及させた（Castle 1914）。《Come to the Beautiful Ragtime Ball》の歌詞もヴァーノン・カッスルの名前に言及している）。カッスル夫妻の音楽監督を務めたアフリカ系アメリカ人のバンドリーダーのジェームズ・リース・ヨーロッパ（Europe, James Reese）もオーケストラによるラグタイムの普及に中心的な役割を果たした。カッスル夫妻とジェームズ・リース・ヨーロッパが進めていたラグタイムの主流化と普通化にティン・パン・アレーも貢献していたのである。結果として、ラグタイムというジャンルとそのリズム的な特徴が白人にも親しまれ、「普通」に感じられるようになった。そのプロセスは、ラグタイムに関連する音楽であるジャズが白人に受け入れられる準備をしたといえる。

アメリカのジャズブームは、一九一七年にオリジナル・ディキシーランド・ジャズ・バンド（Original Dixieland Jazz Band）という、ニューオーリンズ出身の白人バンドがレコードを出したことから始まった。ジャズは元来、ニューオーリンズを中心に南部の都市でアフリカ系アメリカ人が作った音楽だが、白人ミュージシャンはその初期から黒人のジャズの影響でそれと似ている「ディキシーランド」音楽を演奏していた（Peretti 1994: 76-80）。白人バンドの方がレコード発売が先行したのは、アメリカ社会の人種差別の中で、白人の方がレコードを作ったり宣伝したり出来る状況が圧倒的に有利だったという背景があったからである。その後、一九二〇年代にはニューオーリンズ出身のルイ・アームストロング（Armstrong, Louis）など黒人ミュージシャンによるジャズもレコード化され、黒人と白人両方の間に流行した。

「ジャズの時代（The Jazz Age）」とよく呼ばれる一九二〇年代は、ジャズに関する激しい争いの時代でもあった。（注5）ジャズは黒人文化から生まれたものだという認識があったため、反抗的な若い白人がジャズの「エキゾチズム」に魅了されたと同時に、保守的な白人がジャズに対する「反エキゾチック」の気持ちを抱き「野蛮」な音楽として非難した。想像上の「アフリカ」に関わるジャズのエキゾチズムは、たとえばニューヨークのコットンクラブ（Cotton Club）におけるショーに現れた。また、愛好者にとってジャズの早いテンポや刺激的なリズム、アドリブの即興演奏が「モダン」な生活の速さと創造的なエネルギーを表現するものだったのに対して、保守派はその同じ特徴からジャズ（とジャズ・ダンス）が「廃退的」なものであり、若い人に道徳的な悪影響を与えるものだと考えた（Ogren 1989: 139-146; Leonard 1962）。

その対立の中で、「普通」のポピュラーソングと認識されているティン・パン・アレーの楽曲がジャズバンドによって演奏されることが多くなっていた。ジャズというエネルギッシュなスタイルはポピュラーソングを演奏するための新しい選択肢として、ティン・パン・アレーの産業に歓迎された。また、批判の的となっていたジャズの演奏者にとっては、誰にも親しまれるティン・パン・アレーの楽曲を演奏することは、ジャズを保守的な人たちにも受け入れられやすいものにする一つの方法だったと思われる。このようにできたジャズとティン・パン・アレーとの相互関係を通して、「エキゾチック」なジャズの「普通化」が進んだといえる。

一方、ここまでに述べたように、ティン・パン・アレーの多様な楽曲の中でエキゾチックなテーマを表現するものが多く、そのような曲もよくジャズ、あるいはジャズ風に演奏された。たとえば日本をエキゾチズムの対象にする《The Japanese Sandman》は一九二〇年にポール・ホワイトマン&ヒズ・オーケストラ（Paul Whiteman & His Orchestra）が録音し、そのレコードは二〇〇万枚ほど売れる記録的な大ヒットとなった。ジャズがティン・パン・アレーのエキゾチズムと組み合わせられることによって、ジャズのエキゾチックな魅力が維持されたと同時に、白人の一部が感じるジャズの「野蛮」な危険性が抑えられた、といえるだろう。

またポール・ホワイトマン（Whiteman, Paul）の「シンフォニック・ジャズ」と呼ばれたスタイルにおいてはクラシックの要素との組み合わせによってジャズの危険性が抑えられた、ともいえる。ホワイトマンは自分のことを「ジャズの王様」と呼んでいたが、彼自身も彼のオーケストラのメンバーも全員白人だった。というのも、当時は、まだ白人バンドと黒人バンドが完全に別々であり、黒人と白人の共同演奏がほとんどない時代だったからである。ホワイトマンの明確な戦略はジャズの「野蛮」な魅力を洗練し、それによって中流階級の白人を安心させ魅了することであった。なお、彼自身はジャズと黒人の関わりを強調しなかったが、黒人ミュージシャンであるルイ・アームストロングやデューク・エリントン（Ellington, Duke）たちにも大きな影響を与えた。現在、ジャズ史におけるホワイトマンの位置付けは議論の対象だが、ジャズの「普通化」に大きく貢献した人物であることは否定できないといえよう。

ホワイトマンをはじめとした、主流のジャズ・オーケストラはティン・パン・アレーの楽曲を数多くレパートリーに取り入れることが一般的になったため、「ジャズ」と「ティン・パン・アレー」との区別自体がある程度、曖昧になった。その結果の一つとして、一九二〇年代後半にティン・パン・アレーの楽曲とその様式に基づいた楽曲が日本のポピュラー音楽のジャンルとして登場したときに、そのジャンルが「ジャズ・ソング」と名付けられた。

2・3 「国楽」としてのジャズ

一九二九年に始まった大恐慌によって「ジャズ時代」が終わったが、景気が少し良くなった一九三五年に「スイング」という、一五人程度のビッグバンドによって演奏されるジャズの一種が爆発的に流行し、アメリカのポピュラー音楽の主流となった。第二次世界大戦まで続いた「スイング時代（The Swing Era）」の間にカウント・ベーシー（Basie, Count）、デューク・エリントンなど黒人のバンドリーダーも、ベニー・グッドマン（Goodman, Benny）、グレン・ミラー（Miller, Glenn）など白人のバンドリーダーも広く人気を集めた。ベニー・グッドマンが一九三八年にカーネギーホールで行ったコンサートでは、カウント・ベーシーなど黒人のミュージシャン数人がグッドマンの白人バンドと共に演奏したことから、そのコンサートはスイングの「普通化」だけでなく、アメリカの音楽界における人種統合の始まりをも象徴するものだったといえる（Stowe 1996: 17-20）。それ以降は人種の壁がますます崩れ、黒人と白人の共同演奏が次第に多くなった。

第二次世界大戦は、アメリカの「普通」の音楽となっていたスイングが「アメリカ」の象徴として利用されるきっかけとなった。グレン・ミラーが率いる陸軍航空軍の楽団をはじめ軍隊に属するバンドを中心に、スイング音楽はアメリカの象徴として国内でも国外でも、戦争のプロパガンダに広く用いられるようになった（Peretti 1997: 90-93）。ジャズがアメリカの「国民的」な音楽として政府のイデオロギーの中に位置付けられたのである。

しかし戦時中のアメリカ国内では多くのスイング・バンドが解散し、戦後にはスイングのブームは回復できなかった。スイングの音楽的影響が続くものの、ポピュラー音楽の主流は歌手や小規模のダンスバンドに支配されるようになった。人気が減少したジャズは多様化し、その中でビバップ（bebop）という新しい即興演奏法を中心にするジャンルと、「ノスタルジー」の運動であるディキシーランド・ジャズ復活運動（Dixieland revival）が主な新しい流れだった。

後者は「伝統的なジャズ（trad jazz）」とも呼ばれる初期ジャズの復活運動であり、ジャズ史上、ノスタルジーに基づいたジャンルが発生するのは初めてだった。特に人気があったのは、ルイ・アームストロングを中心に白人黒人混合のオールスター・バンド（Louis Armstrong and His All Stars）だった。この運動は、スイングの商業主義にもビバップのエリート前衛主義にも反対していたが、ビバップと同様にジャズ伝統の「本質」に戻ろうとするものだった（Gioia 1997: 278-9）。ビバップにとってその本質は即興演奏における探索と前進だったのに対して、ディキシーランドにとってそれは初期ジャズの集団的即興演奏であった。これは、ジャズが「普通」となっていたスイング時代が終わる中で、ジャズがいくつかの流れに分かれて、ジャズの「本質」に関する議論が生じ、一つの流れがノスタルジーを通してその本質を見出そうとした、と読み取ることが出来るだろう。

スイングの主流化とグローバル規模の広がり、戦時中のプロパガンダでの利用、そしてその後のジャズの「本質」に対する関心の上昇は、ジャズが国家主義的なイデオロギーのためにさらに利用される準備をしたといえる。ジャズはアメリカの「本質」を表現する音楽として全世界に見せることが可能になっていたのである。実際にそのように利用される契機となったのは冷戦だった。一九五〇、六〇年代に再びジャズがアメリカの象徴として米政府によって利用された。アメリカとソ連間のイデオロギー争いの中で、ソ連がアメリカの人種差別を厳しく批判していた。それに反応して、アメリカの国務省が「ジャズ大使（Jazz Ambassadors）」というプログラムを立て、ビバップの先駆者ディジー・ガレスピー（Gillespie, Dizzy）、「伝統的なジャズ」の代表者ルイ・アームストロング、「スイングの王様」ベニー・グッドマンらが率いる黒人と白人を含むバンドをアフリカ、アジア、中東に派遣して演奏させた（Eschen 2006; Berkeley 2018; Peretti 1997: 114-115）。アメリカの「国民」を象徴する二つの人種による音楽、アメリカの「自由」を象徴する即興演奏を中心にした音楽としてのジャズを世界に見せることによって、ソ連のイデオロギー作戦に反撃したのである。アフリカ系アメリカ人として人種差別を経験したガレスピーやアームストロングはそのイデオロギー的反撃に対して疑問を表現したが、「ジャズ大使」の役割を通してアメリカ以外でのジャズ人気をさらに広げて各国のミュージシャンとのつながりを作ることに努力した。

このようにジャズはある意味でドヴォルザークが予想した、黒人音楽に基づいたアメリカの「国楽」として政府に認められ、外交のなかに位置付けられた。しかしその位置付けはアメリカの人種差別を否定しようとするイデオロギー作戦の一部であり、アメリカ国内では公民権運動が進む中で「国民」の概念が変容し、ジャズと「国民」との関係性について議論が続いていた。

その間、ジャズは多様化し続けた。一九六〇年代から七〇年代にかけて「フリージャズ（Free Jazz）」、「フュージョン（Fusion）」とも呼ばれる「ジャズ・ロック（Jazz-Rock）」など、様々なジャンルが誕生し、「ジャズ」という概念自体が広がった。こうした中でジャズのグローバル化も進んでおり、一九六〇年代にジャズの影響を受けたブラジルのポピュラー音楽であるボサノバ、そして一九七〇年代にジャズとインドの古典音楽の融合が現れて、新しい「エキゾチズム」としてアメリカのジャズ・シーンにも登場した。

一九八〇年代からはその多様化に対して保守的な反応が発生し、限られた意味での「ジャズ」を「国民的」な音楽とみる動向がまた現れた。その中心人物であるニューオーリンズ出身のトランペット奏者ウィントン・マルサリス（Marsalis, Wynton）は、ジャズをアメリカ文化の前面に出そうとした。音楽のピュリッツァ賞、複数のグラミー賞を受賞したマルサリスは、二〇〇五年に合衆国政府からアメリカ国民芸術勲章（National Medal of Arts）を贈られた。アメリカのジャズの最も著名な顔となったマルサリスは、ジャズがアメリカの国民音楽そのものだと主張すると同時に、ジャズと人種差別の歴史的関係を強調している。それは、ジャズを誕生させた奴隷制と人種差別の歴史こそがアメリカの歴史の中心と考えるべきだ、その歴史から生まれたからこそ、ジャズはアメリカの代表的な音楽とみなすべきだ、というマルサリスの主張にも現れている。マルサリスはジャズの保守派の第一人者ともいえる人物であり、彼はフリージャズやフュージョンといった一九六〇年代後半以降のほとんどの前衛的なジャズが本物のジャズではないと主張する。そのジャズ史観は一九六〇年代頃で止まっているのではないかと批判もされている（Guilliatt 1992; Byrnes 2003; Peretti 1997: 166-168）。このように、ジャズを「国民的な音楽」とみなすマルサリスのビジョンはジャズ史の特定の部分にのみ焦点を当てており、一種のノスタルジーに基づいているともいえるだろう。

『南北戦争（The Civil War）』（一九九〇年）と『野球（Baseball）』（一九九四年）というアメリカの社会史・文化史のテーマを取り上げる好評を博したテレビ・ドキュメンタリーのシリーズの監督ケン・バーンズ（Burns, Ken）は、『ジャズ（Jazz）』というシリーズも制作した（二〇〇一年）。ウィントン・マルサリスがそのシリーズのコンサルタントとしての役割を果たし、シリーズの中でインタビューもされた。これによってマルサリスのジャズ史観がさらに広がり、アメリカの一般人のジャズに対する意識に大きな影響を与えただろう。そのシリーズに合わせて二〇〇〇年に発売された五枚のＣＤセット、*Jazz: The Story of America's Music* もそのタイトルを通してジャズを「アメリカの音楽」として明確に表示した。ある限られた範囲のジャズをアメリカの「国楽」と見做す考えはアメリカのポピュラー文化の中に根付いたといえよう。

2・4　「国楽」としてのティン・パン・アレー

一方、「ティン・パン・アレー」の産業は、一九五〇年代の「リズム&ブルース（R&B）」と「ロックンロール（Rock 'n' Roll）」、そして一九六〇年代のロックがポピュラー音楽の主流を占めていくに連れて衰退し始めた。ティン・パン・アレーの「AABA形式」は、ポピュラーソング形式の一つの選択肢として残るが、それとは異なる形式のR&Bやロックンロールが増加した。いわゆる「フォーク・ミュージックの運動（American folk music revival）」もこれに関わり、その影響からもティン・パン・アレーとは異なる形式の音楽が増えた。また、楽曲の作り方に関しても、ティン・パン・アレーの作曲家・作詞家のチームに代わり「シンガー・ソングライター（singer-songwriter）」が登場した。ロックンロールの時代からはチャック・ベリー（Berry, Chuck）やバディー・ホーリー（Holly, Buddy）のように自分で作曲した楽曲を自分で演奏するアーティストが増え、フォーク・ミュージック運動からはボブ・ディラン（Dylan, Bob）や一九七〇年代以降のシンガー・ソングライターの流れが誕生した。音楽産業も音楽の形式も「ティン・パン・アレー」から離れていったのである。

しかしティン・パン・アレーの既存の楽曲がなくなったわけではない。あるティン・パン・アレーの楽曲がジャズのいわゆる「スタンダード（Standard）」として演奏され続け、そこから両者の関係は現在までも続いている。スタンダードとなった楽曲はジャズの中心的なレパートリーにもなっており、ミュージシャンの教育や練習のためにも一般的に利用されている。ジャズの多様性の中で、ティン・パン・アレーのスタンダードは「伝統」を意味する要素だともいえる。キース・ジャレット（Jarrett, Keith）など前衛的なジャズで有名になったミュージシャンも、スタンダードを録音したり演奏したりすることによって、ジャズの伝統との繋がりを表現することがよくある。

近年では、ティン・パン・アレーのスタンダードを国民的音楽として表現する "The Great American Songbook" という表現がよくみられる。この名前を通して、特に一九二〇年代から五〇年代にかけてのティン・パン・アレーの「黄金時代」の楽曲の一部がアメリカを代表するカノン（canon）として表象されてきた。たとえば、ジャズ歌手のエラ・フィッツジェラルド（Fitzgerald, Ella）の *Ella Fitzgerald Sings The Great American Songbook* というCDが二〇〇七年に、フランク・シナトラ（Sinatra, Frank）、ナット・キングコール（Cole, Nat King）、ディーン・マーティン（Martin, Dean）といったいわゆる「クルーナー（crooner）」系・ジャズ系の歌手を集めた *The Great American Songbook* というCDコレクションが二〇一七年に発売された。同じく二〇一七年に "Nostalgia from The Great American Songbook" というタイトルの合唱団コンサートがアメリカのメーン州で行われたが、この場合はティン・パン・アレーの音楽に対する「ノスタルジア」も、その「国民性」もはっきりと表現されている。

少し驚くべきことは、ティン・パン・アレーの人気を過去のものにしたロックやフォークの流れを代表するアーティストも、この動向に参加していることである。イギリス人のロック歌手ロッド・スチュワート（Stewart, Rod）が *The Great American Songbook* のアルバム・シリーズを二〇〇二年から発売した。また、フォークとロックの偉大な人物と称されるボブ・ディランが、二〇一五年と二〇一六年に自分が歌うティン・パン・アレーの楽曲のCDを二枚制作し、それに続いて二〇一七年に*Bob Dylan's Great American Songbook*というタイトルで、他のアーティストのバージョンを自分で選んで集めた三枚セットを世に送り出した。特に興味深いことは、同時期の二〇一六年にディランはノーベル文学賞を受賞し、ノーベル賞委員会は“The Great American Song Tradition”への彼の貢献を称賛したことである。アメリカの主流文化に対抗する一九六〇年代のカウンターカルチャーの「声」として有名になったディランだが、半世紀を経て、その主流に対峙する彼の影響がノーベル賞で評価されたことは、同時に彼自身が一九六〇年代より以前の主流だったティン・パン・アレーとの繋がりを表現しようとしていたことの評価でもあったのではないだろうか。

おわりに

ジャズとティン・パン・アレーとの相互関係をみながら、その二つのジャンルの記号的な変化の歩みを考察してきた。ティン・パン・アレーの楽曲とその典型的な形式は、最初はアイルランドやスコットランド系の楽曲の影響から始まり、一九世紀後半に「普通」となり、二〇世紀の半ばにロックンロール等の登場によって「普通」ではなくなった後、二一世紀を迎えてからは「国民的」な「懐かしい」ものとなった。ティン・パン・アレーが「普通」になっている時代にアフリカ系アメリカ人の音楽が国内の「エキゾチズム」として、白人から注目され、そこからジャズのブームが発生した。ジャズは一九二〇年代にティン・パン・アレーとの関係を形成し多くの白人に受け入れられ、その後、一九三〇年代後半のスイングの時代に「普通」となり、戦後は多様化のなかで初期のジャズを復活させる「ノスタルジー」の流れが現れた。そして冷戦時代にジャズは「国民的」なものとしてイデオロギーの道具となり、近年ではアメリカの人種関係の歴史を反映する音楽という意味で「国民的」なものとして表象されるようになった。現在はティン・パン・アレーの「スタンダード」の楽曲はジャズの不可欠なレパートリーとして生きており、ジャズ以外の領域でも「伝統」や「アメリカ」に関わる意味を持ち続けている。

「アメリカ」を代表するジャンルと位置づけられる中でティン・パン・アレーもジャズもある程度「カノン化」されてきたが、それぞれのカノンからアメリカ以外の国の表象が除外される傾向がみられる。二〇世紀前半のティン・パン・アレーの作品には「エキゾチック」な国や人物をテーマにする曲が多く、そのなかで大ヒット曲もあるが、"The Great American Songbook"と名付けられる近年のコレクションではそのような曲がほとんど見られない。ジャズの「カノン」はジャズ史に重要とされる録音を年代順に並べたコレクション、たとえば *The Smithsonian Collection of Classic Jazz*（一九七三年・一九八七年）や上述の *Jazz: The Story of America's Music*（二〇〇〇年）

という形で現れているが、そのコレクションにはアメリカ人以外の演奏者はほとんど登場しない（登場する場合は、フランスのギタリストジャンゴ・ラインハルト（Reinhardt, Django）のようにアメリカのジャズに多大な影響を与えた演奏者のみである）。しかしアメリカのジャズ研究においては、ジャズはアメリカのみの音楽ではなく一九二〇年代からアメリカ以外に根付き始めた音楽であり、本格的な「ジャズ史」は世界各国の演奏者やスタイルを含まなければいけないと認められるようになった。(注6) ジャズがグローバルな音楽であるという認識はジャズの「アメリカの音楽」としての表象にこれからどのような影響を与えるのかは、一つの興味深い問題である。

　言うまでもなく、この「記号の推移」のモデルに基づいての分析はジャズとティン・パン・アレーの複雑で多面的な歴史の一つの側面を明らかにしたに過ぎない。今後は、他ジャンルへの援用も視野に入れたい。

注

（1）《Oh Susanna》と《Camptown Races》の形式は厳密にいえばＡＡＢＡではないが、ＡＡ′の複数のヴァースとＢＡ′のコーラスからなっており、二つのヴァースに一回のコーラスが続くのでＡＡ′ＡＡ′ＢＡ′というＡＡ′ＢＡ′という単位を含む形式である。

（2）"I find that by my efforts I have done a great deal to build up a taste for Ethiopian songs among refined people by making the words suitable to their taste, instead of the trashy and really offensive words which belong to some songs of that order." フォスターからエドウィン・P・クリスティー（Edwin P. Christy）への手紙、一八五二年五月二五日（Scheurer 1989: 43）。

（3）ただ、《The Minstrel Boy》と《Jeanie with the Light Brown Hair》でみた一六小節のAABA形式に対して、ティン・パン・アレーの典型的なコーラスは三二小節のAABA形式だった。日本でも流行した「私の青空（My Blue Heaven）」や「ダイナ（Dinah）」が好例である。

（4）ここで言及する楽曲の楽譜は、アメリカ国会図書館のウェブサイト（https://www.loc.gov/notated-music/）、デューク大学図書館のウェブサイト（https://library.duke.edu/digitalcollections/hasm/）にて、閲覧できる。なお、ともに最終閲覧日は二〇二〇年一月四日。

（5）ここでは白人の間での議論に焦点を当てるが、黒人の間でもジャズについての議論があった。Ogren（1989: 111-138）とPeretti（1998: 52-55）参照。

（6）たとえば、Atkins 2001, 2003; Starr 1983; Feld 2012などがある。

第2章　ショパンと流行歌

——音楽評論家園部三郎の活動にみる近代日本音楽文化の地政学

永原　宣

はじめに

音楽評論家の園部三郎（一九〇六～一九八〇）は一九三〇年代から七〇年代にかけて、評論活動だけではなく民間における音楽教育方法の研究や海外の音楽関係者との交流など、多方面で活躍した人物である。しかし戦時中の一九四二年から死去する一九八〇年までの間、共著・編著も含めて三〇冊以上の音楽に関する本を出版したにもかかわらず、たとえば同じく音楽評論家の山根銀二（一九〇六～一九八二）や堀内敬三（一八九七～一九八三）、あるいは作曲家の諸井三郎（一九〇三～一九七七）などの同年代の音楽関係者と比べると、後年における研究対象としては明らかに見落とされがちな人物でもあると言わざるを得ない。(注1)

筆者はこれまで戦前から戦後にかけての流行歌をめぐる批判言説に関する研究書（Nagahara 2017）をまとめていく中で、園部の民衆音楽や流行歌に関する論考が当時のいわゆる「楽壇」関係者の中でも質・量ともに突出している点に注目してきた。第二次大戦終戦から間もなくして、『民衆音楽論』（園部1948）や『音楽の階級性』（園部1950a）などの著書を出版した園部は、その後三十年近くにわたって流行歌・歌謡曲について多くの場合批判的な立場で発信し続けたのだが、その中で特に興味深いのが、後述するように園部が幾度となく自身の認識に対する自己批判を試みているという点である。このため拙著では園部の戦前から戦後にかけての評論家としてのキャリアが、日本社会全体における流行歌、またこれらを批判していた批評家たちの相対的な立場の変容を体現するものであったと論じた（Nagahara 2017: 204-209）。

そもそも筆者が流行歌に対する批判的言説に注目するようになった大きな理由の一つに、流行歌への批判言説が、明治以来の日本における音楽文化にとどまらず、近代社会としての日本が直面してきた文化的な地政学を如実に反映しているのではないか、という問いがあげられる。明治期には「流行り唄」あるいは「俗謡」と見做された在来の民間音楽の多くが、音楽教育制度の設置を試みていった維新政府から改良、あるいは排除の対象として否定的に認識され、その後も批判の対象となっていった反面、同時期の日本において官立の東京音楽学校をはじめとして、徐々に「楽壇」と呼び得るものが成立しただけではなく、旧制高校や大学出身者を中心としていわゆる「洋楽」の愛好者が増え、日本の文化的・知的エリート層の中で「音楽」という概念の規範として西洋芸術音楽が受け入れられていった（注2）。

このような状況は大正から昭和初期にかけてのレコード企業の勃興により音楽が「産業」として成立してからも続き、レコード業界において中心的な商品として「流行歌」という新たな音楽ジャンルが定着してからも、中山晋平や古賀政男などの作品の多くに代表される「日本調」と見做された楽曲は、戦後になってからも長期にわたって、まさに園部のような自他共に「知識人」と認められていた多くの論者たちによって批判され続けた。

こうした歴史的な流れの中で、園部三郎の経歴と言説はその典型性、また独自性の両面で大変興味深い存在として浮かび上がってくる。以下では、まず園部の経歴を概観した上で、園部の流行歌論だけではなく、一九五五年から一九五六年にかけて園部が東欧諸国を訪問した直後に出版した『東ヨーロッパ紀行』（園部1956）という旅行記を検討することによって、園部の流行歌論の変遷過程の背後にあると思われる近代日本音楽文化をめぐる〈地政学〉と呼び得るような歴史的なダイナミクス、そしてこれに対する園部の認識を明らかにしていきたい。

1　音楽評論家園部三郎の経歴

一九〇六年に大阪で生まれた園部は、一九二八年まで旧制・東京外国語学校の仏語部で学び、一九三〇年代には『音楽評論』という雑誌の主筆として戦前の楽壇において頭角を現した。戦前から戦中期にかけての園部の評論活動は、自身の東京外語での専攻を反映し、主にフランス語圏で活躍した音楽家の紹介を中心としたものだった。戦時中の一九四二年には、『音楽の法則と進化』（コンバリゥ1942）という題名で、フランス人音楽学者ジュール・コンバリューによる研究書の訳書を出版しただけでなく、『音楽と生活』（園部1942）という一九三〇年代後半から四十年代にかけて園部が発表した評論記事を集めた書籍も中央公論社から上梓している。後者からはこの時期の園部がジャン＝ジャック・ルソーの音楽論や、ビゼー、ドビュッシー、フォーレ、ラヴェルなどのフランス人作曲家の分析を中心に据えつつも、ベートーヴェンやワーグナーの作品にも触れるだけではなく、指揮者のトスカニーニやワインガルトナー、さらには映画音楽やレコード鑑賞法など、多岐にわたる論考を執筆していた様子が窺える。また同年には戦時中の楽壇を統制した日本音楽文化協会、さらにレコード業界の統制機関であった日本蓄音機レコード文化協会の両組織において園部は理事に就任しており、この時期までには日本の音楽界の内部において、指導的な地位を確保していたようである。

戦後になってからの園部はショパンの伝記（園部1954b）など、西洋芸術音楽を主題とした論考を発表し続け、一九五〇年代の後半までは読売新聞紙上で音学会の評論などを継続的に担当していたが、既述の通りその関心の焦点は次第に、音楽と民衆、あるいは大衆社会との関係に移っていった。この時期の活動については同時代に園部と繋りのあった人物などによって、ある程度明らかにされているが、これらの記述のほとんどは進歩派知識人、あるいは運動家としての園部の音楽教育との関わりを中心に据えている。たとえば『日本音楽教育辞典』の「園部三郎」（本間2004）の項目では、執筆を担当した作曲家の本間雅夫が、特に一九五〇年代後半からの園部の活動を詳しく記録している。この項目記述からは、一九五四年以降、音楽専門の講師として日本教職員組合の教育研究集会（教研）に参加していたことや、一九五七年には教研に参加していた音楽教師らと協力する形で「音楽教育の会」を立ち上げ、その会長として戦後の音楽教育において指導的な立場で関わっていくことがわかる。「音楽教育の会」には音楽学者の小泉文夫や教育学者の山住正己なども参加しており、特に山住とは、『日本の子どもの歌：歴史と展望 』（園部、山住1962）を共著で出版するなど、密接な協力関係を築いていった（草野2011: 56-57）。

園部と山住との関係については、山住自身が園部没後に雑誌『教育』で発表した追悼文でも触れており、二人が一九六六年暮れから翌年一月にかけてソ連・東欧を一緒に訪れていたことも明らかにしている（山住1980a: 122）。また、山住は同時期に「音楽教育の会の内部でさまざまな議論があり、会長であった園部さんは会を去る形になった（山住1980a: 122）」と、園部と「音楽教育の会」の会員との間に生まれた溝についてやや間接的にだが言及している。これについては前述の『日本音楽教育辞典』の記事においても触れられており、執筆者の本間も園部との議論の当事者であったことが明らかにされているだけではなく、その争点として園部が『日本の子どもの歌』の中で書いた「わらべ歌を出発点とする音楽教育」と「二本立て方式」（音楽教育における基本的な技術の学習と歌唱活動の分離）に関する主張に触発されたものであったと言及されている（本間2004: 541）。この議論の詳細については、桂（2000）の論考が明らかにしているが、ここで興味深い点の一つに、園部が「わらべ歌教育運動における伝統主義」を警戒し続けており、またこれが園部による流行歌・歌謡曲批判とも繋っていたという指摘がある（桂2000: 49）。

2　園部三郎の流行歌論

以上のように、戦前から戦後を通して園部は評論や教育など、多方面で日本の音楽文化に積極的に関わり続けた。しかしながら、このような概観からは、園部の多様な、しかも戦前・戦中・戦後という近代日本の音楽史においては個別に議論されがちな時代を貫いた活動を束ね得るような軸を見いだすのは容易ではない。だが、この点においてこそ、冒頭で筆者が指摘した園部の流行歌論を通底していると思われる問題意識の重要性が浮かび上がってくるのではないだろうか。このことは、雑誌『音学教育研究』で山住が発表した園部に対する弔辞の中の次の記述にも示唆されている。

園部さんのどこから、どうしてこのような教育への関心が生まれ、あれだけのエネルギーを発揮されたのか。遡ってみますと園部さんは、戦後早い時期に『民衆音楽論』という本を書いておられます。この本のもつ意味が大きかったのだと、このころ気がつきました。その『民衆音楽論』から音楽教育へというのは真っすぐに続いている道ではないか〔中略〕

しかし、さらに遡って考えますと、先ほど演奏されたモオツァルト、さらに園部さんがこよなく愛したショパン、こういう西洋の近代の音楽、これを園部さんは戦前からもう一度とらえ直して、その西洋の近代の音楽がどれほど民衆に愛された音楽であったのか。また、その音楽をつくった人たちが本当に民衆のためにつくってきたのだというふうに西洋の近代音楽をとらえ直してきたというところから、戦後の『民衆音楽論』へ進み、さらに私たちと一緒に音楽教育の分野に足を踏入れられて、本当に泥まみれになって音楽教育のために活動されることになったのだと、あらためていま思い直しているところです。(山住1980b: 125-126)。

このような山住の指摘を踏まえつつ、ここからはまず園部の流行歌論、特にその中で浮かび上がってくる近代西洋の産物としての芸術音楽と日本の伝統的な音楽文化との相克ともいえるような、地政学的な意識を明らかにしていきたい。

2・1　流行歌批判の前提としての西洋芸術音楽への志向

一九四二年に出版された『音楽と生活』では、前述の通り、戦前から戦時期における園部の論考が、基本的には西洋芸術音楽を中心としたものだったことが確認できるが、その「序」において、園部は西洋音楽と日本社会との関係について、当時の楽壇関係者の多くにとっての共通理解であったと思われるようなことを書き残している。そこでは園部は当時軍部から出てきた「音楽は軍需品なり」「音楽は食料品なり」という発言に対する楽壇関係者の反応を次のように評している。

久しく単なる「遊芸」という限りでのみ国民生活との関係が考えられていた音楽が、現在の日本にとって最も重要である筈の軍需品と同等の位置に置かれ、また日常不可欠の食料にまで例えられたという、あまりにも驚異的な飛躍に、驚異と讃嘆の声が放たれたのであろう。しかしこの驚異と讃嘆の底には、我が意を得たという共感以外に従来音楽家が余りにも非社会的であったことへの自省の声が潜んではいなかったであろうか。否、少くともわれわれは音楽が国民生活の必需品であることを識りつつも、それを十分に認めさせる努力を欠いていたとは言えないだろうか。勿論それには一面、往々にして音楽を単なる日常生活の気ばらしか自慰か或は装飾品か贅沢品としかみなしていなかった為政者の責任もあるが、同時に音楽家自身が自ら正当な認識を持って社会一般にその正当な認識を理解させようとする努力を欠いていたからである（園部1942: 4-5）。

これに続いて園部は「かくて、今日の時局は音楽が民衆芸術たる所以を存分に発揮すべき秋である」としつつも、このような使命を果たすためには、実際に巷に広まっている音楽は不適当であると次のように断じている。

例えば今日まで国民の間に弘められた流行歌乃至愛国歌なるものはどうであったか。歌詞にこそ愛国と忠誠の辞句が並べられているが、歌《メロディ》そのものは旧態依然たる煽情的なものであるか、或は感傷的な小唄ではなかっただろうか。

……それらは大部分レコード会社の企画の下に大衆の五官の感触のためのみに書かれたか、或は人間の心の底にある本能の弱い面をひきずり出すに過ぎない、卑俗な官能趣味に影響されているのである。（園部1942: 9-10）

このような流行歌の「感傷性」あるいは「官能性」を批判する園部の論点は、戦時下で生まれたものではなく、昭和初期からレコード企業により発表されていった多くの流行歌に対して投げかけられ続けたものであった（Nagahara 2017: 45-56）。しかし、ここでの園部の議論で留意すべきなのは、園部やその他の音楽関係者が「音楽は軍需品なり」という発言、つまり戦時体制に音楽を動員しようとする軍部の姿勢を歓迎した背景には、このような状況を流行歌のような「低俗」音楽を好む大衆に西洋芸術音楽を広める絶好の機会だと捉えた側面が少なからずあったということである。このような意図は「序」の次の箇所でよりはっきりと読み取ることが出来る。

音楽の低俗化或は質的低下を招来するのに、今一つ注意すべき思想がある。それは外国人の芸術的作品は未だ大衆的ではないという理由で軽視する狭い国粋主義的観念である。即ち或る人々は大衆のための音楽が要求されている今日、西欧の巨匠の高級作品を演奏する必要はないと言うが、これは説明するまでもなく行きすぎである。なるほど、モーツァルトやベートーヴェンを鑑賞する人は、一握りの層であるかもしれない。しかしそれらの作品の演奏普及がなくては、音楽趣味の啓発も向上も不可能であって、同時に演奏技術の発達も達せられないのである（園部1942: 12）。

ここで特に興味深いのは、まさに日本主義、排外主義、あるいは反西洋主義的な言説で塗り固められていたと考えられがちな第二次大戦中でさえ、園部のような楽壇関係者たちは、西洋芸術音楽を守るために「国粋主義的」風潮を批判したという点である。これと似た議論が、同じく一九四二年に雑誌『文學界』に掲載された有名な座談会「近代の超克」における諸井三郎の発言にも見受けられる。

吾々の意味に於ける近代の超克の第一歩は西洋文化の本質を吾々自身の目で見抜く事で、これによって吾々の中にある西洋文化に対してその真に取るべきものと、捨てるべきものとを明確にし、文化的な混乱を整理して行く事である。即ち西洋文化の摂取を批判的に体系的にする事である。音楽の方面に於いても整理すべき多くのものがあると同時に、尚摂取すべき多くのものがあり、その整理と摂取とは何れも批判的・体系的でなければならない（諸井1942: 54-55）。

西洋から独立した日本独自の近代音楽文化を創出するにあたっても、西洋文化の吸収はいまだに避けて通れないものであるだけでなく、とりわけ音楽では「尚摂取すべき多くのもの」があるという考えを諸井は持っていた。

2・2 流行歌批判と日本の伝統音楽文化への反感

さて園部の『音楽と生活』での議論にもみられるように、楽壇関係者が鳴らした「国粋主義」に対する警鐘の裏には、流行歌に対する批判的な意識が明らかに念頭にあったのだが、戦後に入ってからの園部の流行歌論においては、特に和洋折衷的、あるいは「日本調」と形容され、否定的な意味で「日本的」と見做された楽曲に対する批判がより顕著になってくる。この傾向は一九四八年出版の『民衆音楽論』、一九五〇年の『音楽の階級性』、一九五四年の『演歌からジャズへの日本史』といった園部の一連の著作に強く現れている。

一九四八年に出版された『民衆音楽論』は敗戦直後の数年間に園部が発表した論文を集めたものだが、「音楽を生活の中に」という論文では、そもそも園部が「民衆音楽」と称したものに対する興味の背景には、「今は、日本の労働者や農民や或は大部分の勤労者が、みんな西洋の先進諸国の優れた高い芸術を味う力を持っていない、という事実についてよく考えてみたいと思う」(園部 1946: 26-27) という意図があったことが明らかにされている。この自らの問いに対する園部の答えは、日本の音楽文化全体だけではなく、日本人一人ひとりの音楽的感性の中に「封建主義的」性質が残っているからだという、いわゆる講座派マルクス主義の論理を彷彿とさせるものであった。日本の音楽文化の中に残存すると見られた「封建主義」の遺産に対する批判自体は、明治以降、様々な論客によって指摘され続けたことであるのだが、戦後の園部の場合は、より強い左翼的な認識を踏まえたものであったようだ（Nagahara 2017: 14-15, 51-56, 143-144）。

では園部の目には、具体的に何が日本の音楽文化の中で「封建主義の残滓」と映ったのだろうか。園部は一九四七年に発表した「音楽民衆化の道」という論文で、日本の伝統的音楽文化における「語りもの」の占める比重が大きいことを指摘している。これが、西洋芸術音楽と比肩し得るよりも洗練された音楽文化の発達を阻害しているのだと論じている。特に浄瑠璃などが文芸・演劇等の音楽外の文化で発達したことに注目し、「音」と「語り」の曖昧な境界のせいで「文学から独立した」「純粋な意味での音楽の伝統」が日本に根付かないのだと考えていた（園部1947: 7）。さらに、日本の伝統音楽文化における「語りもの」優位の起源を次のように評している。

日本の音曲がほとんどすべて文学に優越性をゆずっている「語りもの」である理由は、長い間の封建社会と鎖国的環境とによる生産の未発達のための楽器の発達の原始性に大きな原因の一つがある。日本の固有楽器である尺八にしろ笛、太鼓にしても、また比較的音色に富んだ絃楽器類（箏、琴、三味線）等にしても、人間的感情を豊かに幅広く表現するには外国の多くの楽器にくらべてはるかに力弱い（園部1947: 8）。

園部は、日本の伝統音楽文化の特性を「封建主義」と形容された前近代的な政治社会体制に求めるだけではなく、こうした要因が究極的には「人間感情」を豊かに表現し得る音楽の発達を妨げてきたのだとみなしていた。最終的に園部は、「少数の絃楽器や笛、太鼓などの範囲の限界内で伝えられてきた日本の音楽は、結局は、外国の中世紀以前の音楽発達の段階にとどまる」とまで断じている（園部1947: 9）。

こうした歴史的背景は明治以降の西洋音楽との出会いの中で多くの日本人が新たな音楽文化を理解するのを難しくし、音楽的「混乱を巻き起こした」と園部は考えた。さらに、近代日本において「支配階級が人民の人間性向上のための文化政策を全然もたず、ただ単に商業主義の官能挑発的流行歌の跳躍をほしいままに許したために、民衆の音楽趣味は混乱と同時により一層低下した」とまで論じている（園部1947: 11-12）。また、前述の「音楽を生活の中に」という論文では、園部はこのような状況が「日本人の中にある音楽趣味の雑多性」をもたらし、その象徴ともいえるのが「外国音楽と日本調とのカクテールともいうべき流行歌調」だったと結論付けている（園部1946: 30-34）。

2・3　戦後流行歌の問題点

しかし園部は「音楽民衆化の道」の中で、第二次大戦における日本の敗戦は「封建的軍国主義的圧政」からの解放をもたらし、「新しい時代の息吹を深く呼吸させるような歌が生れる」機会をもたらしたとも論じた（園部1947: 12-13）。この翌年、「音楽民衆化の道」を再録した『民衆音楽論』の「あとがき」では、そのような「新しい時代の音楽」は「革命の状勢の中から生れでなくてはならない」のであり、それは「一切の封建的ろう習をかなぐりすてて、人間としての自由をとりもどした」「新しい人間」を作るものでなくてはならないと主張したのである（園部1948: 185-188）。

このように日本の音楽文化の歴史的背景と、これに対する敗戦の意義を主張した園部の目に、終戦直後の日本に生まれた大衆音楽は、なお多くの問題を抱えているものと映ったようだ。その代表例の一つに、笠置シヅ子の《東京ブギウギ》（一九四七年）がある。園部は一九五〇年に、思想の科学研究会が出版した『夢と面影』という、大衆文化のグループ研究をまとめた本に「現代流行歌について」という論文を寄稿している。その中で園部は、《東京ブギウギ》の人気の裏には戦時体制によって封じられてきた「原始的」な「人間の本能の解放」があるとして、笠置の演技を次のように捉えている。

> 笠置は、顔面の全筋肉をはたらかせ、全身をリズムにのせて何んのみえもなくゆり動かし、決して美しからぬ野生にみちた地声をしぼりだす。この全身的な、いっさいを民衆の前にさらけだすような芸が、先ほどからのべてきた民衆の要求を完全にとらえるのである（園部1950b: 268-269）。

この要求とは何だったのか。園部は同じ文章の中でそれを「人間の愛情や本能を、ただ不浄なものとして教えられてきた日本の民衆が、はじめて本能の姿を、目にみ、きき、そして自らの肉体にその衝撃をうつしえた原始的な官能のよろこびである」と見做し、同時代の文芸や大衆芸能にも存在した「肉体露出の傾向」と結び付け、そこに「一種の解放性」を認めた。しかし同時に、結局これは「原始性の露出にすぎない」と断じ、「人間の本能の解放が、正しい社会性をもつことができるのは、それが合理的な、科学的なみちびきをあたえられることによってである」として、ブギウギのようなものが日本の音楽文化をその封建主義的遺産からは完全には解放し得ないのだと示唆したのである。

しかし、園部にとって戦後日本の中で一番問題の多い音楽とは、やはりレコード会社が売り出した「流行歌」であり続けた。このような認識は《東京ブギウギ》を論じた「現代流行歌について」の中にはっきりと現れている。ちなみに、この論文が所収された『夢と面影』という本自体は、「思想の科学」グループ全体の目標であった、日本の知的エリートと大衆の間の溝を埋めるべく鶴見俊輔らが提唱した普通の「人々の哲学」を真剣に研究する一環として、日常生活の娯楽を研究対象とした画期的な本であった。(注3) しかし、その中で流行歌の分析を担当した園部の論文と、南博(一九一四～二〇〇一)による「日本の流行歌」という論文は、いずれも当時のレコード流行歌に対する厳しい批判に終始している。

園部の場合、批判の矛先が一番強く向けられたのが、戦前から戦後にかけて「流行歌」の作曲界に君臨した古賀政男(一九〇四～一九七八)の作品、いわゆる「古賀メロディ」であった。園部は、「古賀メロディ」に見出される深い「哀愁」と、これによる「頽廃性」を批判し、戦前の「古賀メロディ」人気は、「すべての自由主義的風潮がようやく軍国主義の圧倒でおしたおされ、いっさいの民主主義的思想が圧殺されて大衆が全く無気力、無希望になっていた時のこと」であったと論じている。この「無希望」が、「古賀メロディ」を歓迎する「頽廃的」な「低徊趣味」の台頭によって可能となったのだと主張した（園部1950b: 253-254）。さらに続けて園部は、《湯の町エレジー》や《シベリアエレジー》に代表される戦後の「古賀メロディ」人気について、「戦後の民衆の生活の窮乏と、吉田内閣の出現以来のさまざまな面での反動制作とが、民衆の心理をふたたび昭和初期の無希望的状態に追い込みつつある」からだと見做し、「古賀メロディの本質は、少なくとも民心の頽廃なくして成立し得ないもの」であるとまで断じている。

ちなみに南博（一九一四〜二〇〇一）も、特に「日本調」とされた流行歌のメロディや歌詞にみられた哀愁やあきらめなどの要素を、日本人特有の「悲観的、運命論的」感覚に起因するものだと主張し、多くの流行歌にみられた義理人情的な情緒をヒューマニズムの「畸形」と表現しただけではなく、「流行歌にあらわれた、大衆の暗さ、みじめさは、今日の日本がもつあらゆる不幸の集中的な表現である」と結論づけている（南1950: 139）。

2・4　園部の自己批判とその限界

このように今日の感覚では極端ともいえるような流行歌批判を、園部は戦後になってからも展開した。同じような批判は、南の議論にも見受けられるように、戦前から戦後初期にかけてのインテリ層の間で、政治的な立場を超えて広く共有されていたものだった。その意味において、園部の議論は戦前から戦後初期にかけての日本における文化エリートの流行歌に対する典型的な意識を表明したものであったと言えよう。しかし本章の冒頭でも触れたように、園部は流行歌批判を続けていくかたわら、民衆と音楽との関係という問題も問い続け、次第に自身の批判的態度に対する不安、あるいは疑問を、その著作の中で表明していくことになる。たとえば一九五四年に出版した『演歌からジャズへの日本史』の序文で、園部は次のように告白している。

私は、数年前までは、流行歌などに対して、道学者的な態度というほどまではないにしても、非常に倫理的な偏狭さをもち、従って、批判的な態度でありすぎたと思います。流行歌の低俗さや、頽廃性を非難するだけでは、決して民衆歌曲の向上は望めません。そういう態度は、ともすれば、ナチス流の《取締主義》や《禁制主義》や《撲滅論》の根拠になると思います（園部1954a: 4-5）。

さらに興味深いのが、園部がこの本の冒頭に「この書をこどもを愛し民衆を愛しその暖かい人間愛でたくさんのうたをのこして逝った中山晋平氏に捧げる」との献辞を添え、本論の中で、中山の歌曲について次のように率直に評価している点である。

これらの歌は、通俗的には違いないが中山晋平の民衆に対する暖い愛情が注がれたもので、その後中山晋平に代って流行歌界の王者となった古賀政男などがもっている、低調な頽廃性に比べると、はるかに民衆の心情に深く触れたものであることが想いだされる（園部1954a: 126）。

このように中山の業績を讃えている反面、古賀の音楽に対してあからさまとも言えるような敵意を表明し続けており、この二人に対する対照的な評価に園部の自己批判の限界とも言えるものが浮かび上がってくるのではないだろうか。その後の一九六二年に出版した『日本民衆歌謡史考』では、古賀に対する批判の論調は多少和らいではいるものの、園部はなお当時の流行歌に対する批判的な立場は維持し続けており、出版直後の一九六二年八月二十六日に朝日新聞に掲載されたインタビュー記事では、流行歌批判の矛先が相変わらず「まがいものの日本調流行歌」に向けられており、園部の認識では当時の流行歌が基本的に中山晋平の歌曲の亜流であり続け、「マンネリ」に陥っていると評している。(注4)つまり園部の自己批判が自身の「批判的な態度」に向けられていたとしても、園部にとっての流行歌の問題点に関する根本的な論拠には大きな変化は生じていなかったようだ。

しかし園部が亡くなる直前一九八〇年三月に『日本民衆歌謡史考』の改訂版のために書かれた「はしがき」では、次のとおり新たな反省の弁が述べられている。

この本が初めて出版された頃のわたくしはまだ、流行歌というものを十分に理解してはいなかった。正しくいえば、戦前から戦争直後数年までのあいだ、つまり今から三十年ぐらい前までは流行歌に対してある種の偏見を持っていた。それが何であるかはここでは詳しく述べられないが、ともあれわたくしなりにその偏見から脱却したつもりで流行歌を論じたのがこの本の初版である。そこでわたくしは、その偏見的なものを、今度の再販で徹底的に改めようと思ったが、しかしそれよりも初版のままにしておいて、そのかわり、新しい再販書に新たに序章をもうけて、そのなかでほんの少しでも、現在のわたくしの流行歌観を述べるほうがよいと考えた(園部1980 : ii)。

しかし巻末にある「編集部あとがき」では、園部が「はしがき」を執筆する一ヶ月前から癌を患っていたことが明らかにされており、闘病生活にありながらも、五月二五日に亡くなる直前まで「新たな序章」の完成に向けて奮闘していた様子が、痛々しいほどにも書き記されている(園部1980:223-224)。結局序章は未完のままに終わり、園部の死後三ヶ月後に出版された再販書には新たな「はしがき」だけが加えられた。そこには上記の通り、園部の流行歌論のさらなる進化が示唆されていることから、これを読むことが出来ないのが悔やまれるが、「はしがき」「あとがき」双方から浮かび上がるのは、その最期においても真摯に流行歌、あるいは流行歌に対する自身の問題意識と葛藤し続けた一研究者の姿ではないだろうか。

3　園部の『東ヨーロッパ紀行』

3・1　評論家人生における転換点としての東欧旅行

以上のように園部は戦後長年にわたって音楽と民衆との関係について彼なりの考えを発表し続けただけではなく、自身の考え方の変化をも明らかにしようとしていた。しかし再版版『日本民衆歌謡史考』の「はしがき」で「それが何であるかはここでは詳しく述べられない（園部1980: iii）」と言葉を濁しているように、その変化の具体的な内容だけではなく、そもそも具体的にどのようなきっかけが園部の流行歌観の変化をもたらしたのか、という点についても明らかになっているとは言い難い。

ここでは最後に園部の研究者としての姿勢の大きな転換点として、一九五五年一一月から一九五六年の六月にかけて、約八ヶ月近くにわたって園部が訪れた、主に東ヨーロッパ諸国での体験について検討してみたい。というのも、この旅行こそ戦前から園部が携わってきた西洋芸術音楽の研究、また戦後になってから進歩派知識人として意欲的に関与していった音楽教育運動における活動、さらに文字通りライフワークとなった流行歌研究という、音楽評論家としての園部が追い続けた三大テーマが交錯する場ではなかったかと思われるからである。

戦後、とりわけ一九五〇年代において園部は自身も含めて楽壇関係者やその他の文化的エリート層に共有された「大衆音楽」に対する批判的な階級意識について自覚し始めていた一方で、実際にどのような形でより多くの人々に対して音楽の知識を提供するのが望ましいのかということを問い続けていたようである。先述したように、園部はこの自身の問いに対する一つの答えを、志を同じくする音楽家や教育者、特に左派の活動家との共同作業に求めたのである。実は、『音楽の階級性』の中で園部自身が共産党員であることを公言しており（園部1950a: 125）、実際に一九五〇年の十月一日付の読売新聞では、「赤狩り」の一環として、園部が「うたごえ運動」を指導した関鑑子（一八九九〜一九七三）らとともにNHKから締め出されことが報じられている。(注5)

しかし同年に出版された『音楽五十年』という音楽の通史を記した本の中で「うたごえ運動」に触れる部分で、園部は左派系の音楽運動に対して次のような懸念を表明している。

しかしその活発で善意あるうごきにもかかわらず、勤労者に芸術的感動をあたえて向上させるというよりも、政治的成果に重点をおくような結果となり、いいかえれば、右手に音楽、左手に政治的スローガンをかかげるという印象をあたえる偏向をうんだ（園部1950c: 271-272）。

また園部は一九七七年に出版した『日本人と音楽趣味』という本の「あとがき」でこの時期の心境を次のようにも回想している。

戦後の日本では、芸術を、ともすれば、政治的、イデオロギー的要請に直結させることが多く、しかも、芸術の評価をその方向で決定してしまうような傾向が非常に強かった時期がある。わたし自身も、ともすれば、そのような傾向に陥りかけることがあった。というのは、わたし自身が今から五〇年近く前、青年時代にマルクス主義思想の周辺をうろちょろしたことがあり、また、第二次大戦後の数年間はかなり熱心にこの思想を遵法し、その間この思想を中心とするさまざまな運動に参加しさえした。

もともと勉強不足の私ではあったが、運動の中心に近づけば近づくほど、政治と芸術とがあまりにも密着し切ってしまっていることに大きな矛盾を感じ始めた（園部1977: 204-205）。

こうした政治的・知的葛藤の中で、園部は「社会主義諸国そのものでは、こういう問題がいったいどうなっているのか、あるいはまた、それらの国ぐにの芸術家たちは、こういう問題についてどういう意見を持っているのか、それを自分の目で見、耳で聞きたいと思い始め」（園部1977: 205）、その矢先の一九五五年十一月に渡欧することになる。パリ、チューリッヒ、そしてウィーンで数週間の準備期間を経た後、ほぼ一ヶ月ずつ、チェコスロバキア、ハンガリー、ルーマニア、ソビエト連邦、ポーランド、東ドイツ、そしてブルガリアに滞在し、最後は中華人民共和国、そしてイギリス統治下の香港を経由して帰国した。日本に帰ってから半年後には、滞在先の音楽文化や社会主義国家の現状に関する記述に重点をおいた旅行記『東ヨーロッパ紀行』を平凡社から出版する（園部

1956)。

3・2 『東ヨーロッパ紀行』における東欧社会に対する評価

園部自身が上記の回想や旅行記の冒頭でも書いているように、園部にとってこの旅の第一の目的は、東欧の音楽文化と社会主義国家の現状調査であった（園部1956: 2)。これにあたって園部は、当時の日本国内でよく見かけられた共産圏に対する批判的な言説とは一線を画し、より同情的な立場に立って旅先の「現実」を見ようとした、と本の中で明言している。たとえばこれは、園部が東欧の社会福祉施設を日本に比べて充実していると評価したことにも現れており、特に現地での子供のための施設や子育てに対する国家支援を興味深く観察した園部は、「子供が幸福だということは、たしかに社会主義国の大きな特長だと思った」とまで言い切っている（園部1956: 83)。

しかし園部は、旅先の政治体制に対して無批判であったわけではない。たとえば、最初に立ち寄ったパリで出会った亡命ポーランド人学者からの「ボルシェヴィキのポーランドに行っても、本当のポーランドはわかりませんよ」という忠告や、ウィーンで出会った、これもハプスブルク朝復古主義者のハンガリー人から聞いた同様の助言を記録している（園部1956: 65-66)。また社会主義国の中では最初の訪問先であったチェコスロバキアでは、プラハの町中で出会ったチェコ人青年から聞いた、市内に建てられているスターリンの銅像に対する「あまり芸術的な感じではない」、「チェコ人に関係の深い人の像がある方が自然な筈だ」という批判に対して驚きと同時に理解を示している

（園部1956: 17, 90-93）。

園部の社会主義体制に対するアンビバレントな眼差しは、一九五六年一月から三月にかけてのルーマニア滞在中に入ってきた、ソ連共産党第二〇回大会におけるフルシチョフによるスターリン批判の第一報以降、より鮮明になっていった（園部1956: 177）。この直後にモスクワ入りした園部は、赤の広場のレーニン・スターリン廟を訪れた際、両者が祀られている有様に「やりきれない気持ち」を感じたとの感想を述べるにとどまらず、数日前に訪れたロシア正教の教会で目の当たりにした、聖人の遺体を信者が崇拝する姿との共通性をも指摘している（園部1956: 188-194）。それでも全体的にみると、旅行中の園部の社会主義国家・社会に対する見方はおおむね好意的なものであり、行く先々で出会った反スターリン主義的傾向の芽生えを園部は文化的な解放の予兆として歓迎した。このような感触は園部の共産圏に対する好感をむしろ強めたようである。

3・3　東欧の音楽事情に対する批評

他方で、専門領域である音楽文化に関する園部の東欧に対する見方は、よりアンビバレトであっただけではなく、多くの場合批判的でさえあった。これは特に園部が共産圏の音楽関係者たちに対して試み続けた、音楽と社会主義リアリズムとの関係についての議論に現れている。園部が「社会主義リアリズムの闘志」と評したプラハの音楽学者アントニン・シヒラとの対話に関する記述の中では、スターリン主義的な「形式においては民族的、内容においては社会主義的」という立場を音楽に貫くことを求めたシヒラの姿勢に対して、強い疑念を表明している。

もちろん、いろんな点で共感する意見も多かったのだけれども、シヒラ氏は、ドヴォルジャアクやスメタナや、あるいはグリークでさえもが、社会主義的リアリズムの傾向をもった作曲家だと規定したりするのである。それにはぼくもすくなからずおどろいた。そういうことになれば、十九世紀後半のロマン主義時代に生れた民族主義的作曲家は、すべて社会主義的リアリズムの範ちゅうに入ることになってしまいそうである。そして二十世紀の作曲家の大部分の作品は、資本主義的退廃というレッテルでかたづけられてしまいそうなのだ〔中略〕こんどの旅行中、もっとも深い感動をうけたアルバン・ヴェルクの「ヴォチェック」などは、もっとも忌避すべき作品になってしまうのであった（園部1956: 105）。

このような園部の社会主義リアリズムに対する疑問は、その後の旅行中により深まったようで、旅先で出会った社会主義リアリズムに対して同じような批判的立場をとる音楽関係者との会話を記録しており、さらにモスクワでは、現地の作曲家協会に招かれて、音楽における社会主義リアリズムに対する園部自身の疑問を、論文にまとめさえした（園部1956: 196-200）。

ところで園部は『日本人の音楽趣味』の中の「音楽の伝統と創造」という章で、戦時中から戦後にかけての日本の音楽界における民族主義の系譜を概観する中で、戦時下において勃興した日本主義に対抗する園部のような論者たちが「西洋音楽の摂取の必要性を主張」した経緯に触れた後、戦後においても「日本音楽尊重論」が戦時下の言説の清算を経ることなく復活したことを指摘しており、社会主義リアリズムもこの流れの中に置いている（園部1977: 150-152）。その上で園部は音楽などの「芸術創造の世界では、民族主義を主張する人があってもよい」（園部1977: 155）」としつつも、政治的な要請をもって音楽と民族性を繋げることに対して次のよう警鐘を鳴らしている。

たしかにわれわれは、日本人であるという点で、日本を自分のものとして内側に持っている。それは、先天的な条件である。しかし、同時にそれだけで生きられるものではないということである。というのは、わたしたち自身は、つねに外部と接触することによってそこからなんらかのものを吸収してそれを自分のものにしている。というより、そうしなければほんとうの自分を生み出すことはできないはずである。

……正しい意味で民族性を尊重する民族主義は、それとはちがった、というよりむしろ対立するとさえ考えられがちな国際性を、自分の内にあるものと外にあるものとの相互作用と同じような生きた関係としてとらえなくてはならないということである。そういう意味で、民族性とか伝統は追求されるべきであり、そうした活力を与えられた伝統は、新しい伝統の創造にとっての生きた力になるのだと思う。

その意味でわたしは、日本の伝統の尊重と日本主義的な伝統主義とはまったく質のちがうものであると主張し続けているのである（園部1977: 155-156）。

これこそまさに園部が戦中に戦時歌謡を批判すると同時に、「狭い国粋主義的観念」（園部1942: 12）に対して試みた抵抗が、戦後も流行歌における「日本調」を批判し続けた姿勢と直結していただけではなく、さらには社会主義リアリズムに対する批判にも連なっていった様を浮き彫りにしているのではないだろうか。

3・4　東欧における「西洋」芸術音楽の存在感と保守性

同時に『東ヨーロッパ紀行』が明らかにしているのは、園部が東欧で実際に出会った音楽のほとんどが、実は社会主義リアリズムの範疇から外れたものであったという現実である。園部は四〇〇ページを越す旅行記の中で、旅先で鑑賞した演奏、演技について克明に記録しているのだが、ここでは行く先々で出会った演目のほとんどが現地との歴史的・民族的な関係を持たない、「西洋芸術音楽」の枠にとどまるものであり、モスクワで出会ったバレリーナのガリーナ・ウラノワによるプロコフィエフの《ロミオとジュリエット》の演技のような現地の音楽家による作品の鑑賞はどちらかというと例外的であったということが明らかにされている。

これはたとえば、園部がプラハで、現地出身の作曲家ドヴォルザークやスメタナの作品の他に、ロッシーニの《セビリアの理髪師》、チャイコフスキーの《白鳥の湖》、プッチーニの《蝶々夫人》、シャルル・グノーの《ファウスト》、モーツァルトの《フィガロの結婚》を鑑賞し、ハンガリーのブダペストでは、ワーグナーの《ローエングリン》、《ヴァルキューレ》、そしてヴェルディの《椿姫》の公演を訪れたことに現れている。ルーマニアのブカレストでは、園部が日本人だったからであろうか、現地の《蝶々夫人》の演出に助言を求められている（園部1956: 166-167）。また同じくブカレストでは、市内で上演されていたオペラが「ヴェルディ、ヴァーグナー、プッチーニなどがほとんど」だったため見る気がしなかったと、うんざり気味に記録している（園部1956: 166）。ポーランドではオッフェンバックの《パリの生活》を鑑賞した一方で、現地で出会ったショパンの演奏が「どれもあまりにもロマンティックな感じで、演奏者の個性をみとめることができたが、余り共感できなかった」という感想を残しており（園部1956: 244）、さらに「音楽における社会主義リアリズムの牙城」と評した東ベルリンでさえ、園部が結局鑑賞したのはワーグナーの《トリスタンとイゾルデ》、ベートーヴェンの《フィデリオ》、モーツァルトの《皇帝ティートの慈悲》、ヨハン・シュトラウス二世の《こうもり》、そしてウェーバーの《魔弾の射手》であった。

こうして東欧における音楽文化の共通性、連続性、あるいは保守性を目の当たりにした園部は、二つの世界大戦と幾つもの革命を経験した国々でさえ、その音楽文化は古いままなのではないかと嘆くことになる。実際に東欧におけるオペラ公演の演目は、戦後においても古いながらもヨーロッパ共通の西欧的な音楽文化が存続していることを示していた。このため、ブダペストのハプスブルク帝国時代に建てられた豪華絢爛なオペラ座にて当地の歌手の演技を目の当たりにした園部は、

「古いイタリア風の歌い方という感じがあって〔中略〕皮肉でも軽蔑的な意味でもなく、なにかぼく自身が、十九世紀の時代に帰っているような気がしてならなかった」と書き残している（園部1956: 113）。そしてこのような体験を踏まえて、園部は東西ヨーロッパがいまだにワーグナーやロマン主義の音楽的遺産の影から抜け出せていないのだと結論付けている（園部1956: 270-277, 314）。

おわりにかえて――「洋行」としての園部の渡欧と近代日本音楽文化の地政学

上記のような園部の東ヨーロッパでの「西洋」音楽体験は、冷戦構造下の東西の枠を超えたヨーロッパ文化の共通性だけではなく、旅行者として園部の個人的な体験と戦前期を通じて渡欧していった日本人の体験との歴史的な連続性をも示唆しているのではないだろうか。明治以降、官僚、華族、芸術家、大学教員など、次第により多くの日本人が「洋行」するようになり、音楽では幸田延（一八七〇～一九四六）や滝廉太郎（一八七九～一九〇三）などから始まって、多くの関係者が西欧に旅立っていった。もちろん、園部の場合は幸田や滝のような留学生としてではなく、すでに評論家としては中堅の域に達してからの旅ではあったが、戦前において園部が渡欧したという記録はなく、おそらくこれが初めてのヨーロッパ旅行であったようだ。そのためか旅行記では極めて真面目に共産圏の実情を探ろうとする姿勢が見受けられる一方で、園部が初めての「洋行」を明らかに楽しんでいる姿も垣間見ることが出来る。

たとえば園部は日本から旅立つとまずパリに数週間滞在しているのだが、その間も音楽会の鑑賞、フランシス・プーランクなどの地元の音楽家たちとの交流、さらには当時フランス共産党内で指導的な立場にあったジャック・デュクロの演説に立ち会うなど、充実した日々を送っていたようだ。そして旅行記の中で東欧の玄関口としてのウィーンに移動する際の記述で、「パリを去ることは名残惜しかったが、いままた、パリの思い出をこの辺りできりあげねばならないこともまた、大変名残り惜しい（園部1956: 41）」とまで吐露していることからも、そもそも評論家としてはフランス語圏の研究からその歩みを始めた園部にとってパリが特別な場所であったことが察せられる。

さて「洋行」についての先行研究において明らかにされているように、戦前の日本人旅行者にとって、洋行とは列強の一員として日本が徐々にその地政学的な地位を高めていく様子を確認することが出来る旅であった一方で、日本を船で旅立ってから実際にヨーロッパに到達するまでには香港、シンガポール、コロンボなど、大英帝国の支配下にある寄港地に立ち寄らなければならなかったことを筆頭に、様々な局面で西欧と日本との格差を印象付けられる旅でもあり続けた。(注6)しかし園部を含めて日本の多くの音楽関係者にとって、敗戦の結果としての帝国日本を形作っていた体制の解体は、西洋芸術音楽を中心とした「楽壇」を含めて、明治以来の日本において制度化されていった文化的ヒエラルキーに根本的な疑問を突きつけるものであった。前述したように、園部はこれを既存の政治体制や文化的階級意識から解放された、新しい音楽文化を日本に根付かせる機会とも捉えていた。このようなコンテクストの中で東欧の共産圏における音楽的動向や政治的動向を直接確認しようとした園部の作業は、既存の西欧中心的で文化的なパラダイムを根本的に変える可能性を模索するものであったのかもしれない。

しかしながら、『東ヨーロッパ紀行』の最終章では、羽田空港に到着した園部をポーランドのポズナンでの労働者による蜂起の知らせが待ち受けていたことが明らかにされており、さらに旅行記執筆中にもハンガリーで動乱が起こり、最終的にはソ連軍による鎮圧にまで至ったことが記されている（園部1956: 389-390）。そもそも渡欧以前から音楽と左翼運動との結合に疑問を持ち、さらに旅行中には社会主義リアリズムに対しての疑念を深めていった園部にとって、旅行記が出版された頃にはすでに「東欧」という存在は、戦前の「西欧」が果たしたような文化的な規範の源としての役割を果たし得ないことが明らかになっていたようである。

『東ヨーロッパ紀行』の最終章に「人類という祖国」という題名を付した園部は、読者に次のように訴えかけている。

> 世界各国の民衆が真の民主主義の確立と平和を求めて、新らしい世界秩序の創造への方向に動いているのだ。しかも、西欧は没落するなどといった往年のファッシズム的独善と西洋排外主義の立場からでなく、ヨーロッパと東洋とが互いに自己を交歓しあうという意味で、東洋人がその立場を積極的に世界の民衆に訴えるべきときだろう（園部1956: 392）。

「西洋」を排除するのではなく、伝統主義に陥るのでもなく、「東洋人」として「人類という祖国」に向けて主張していく。曖昧であると同時に理想主義的な、いかにも園部らしいこの提案は、その後の評論家としての園部の姿勢だけではなく、戦後の日本において音楽文化が置かれていた地政学的な状況についての園部の心境を最もよく言い表しているのではないだろうか。

注

(1) 戦前期の音楽評論家のコーホート別の分析については加藤 (1997) 参照。なお、加藤によると園部が出版した本の数は一九冊とされているが、これは園部による単著だけを数えたものと思われる。また、園部を研究対象として扱った数少ない研究として輪島 (2011) がある。
(2) 西洋芸術音楽の愛好家出現については加藤 (2005) 参照。
(3)「思想の科学研究会」の発展と変容については、Bronson (2016) 参照。
(4) 朝日新聞一九六二年八月二十六日「著者と一時間」参照。
(5) 読売新聞一九五〇年十月一日「『赤い芸人』など放送も閉め出し」参照。
(6) 日本人による洋行と大英帝国との関係については木畑 (2018)、欧州航路の全体的な歴史については和田 (2016) を参照。

第3章　ポピュラー音楽文化のメディエーターとしての米軍基地

東谷　護

ぼくらは忘れない
コーンパイプの魔のけむり
ぼくらを　酔わせて　眠らせた
魔のけむり　魔のけむり
まだ醒めないのか
魔のけむり

阿久悠《コーンパイプの魔のけむり》（注1）

1　はじめに

連合国軍ダグラス・マッカーサー元帥がコーンパイプを手にタラップを降りてくる姿は、戦後日本を語るときに欠かすことの出来ないおなじみのものとなっている。連合国軍、とりわけアメリカによる占領によって、日本人立ち入り禁止というオフリミットと呼ばれた特異な空間が日本のあちらこちらに現れた。

オフリミットとの境界にはフェンスが立てられることが多く、フェンスは「アメリカ」と日本を分かつ国境の役割を果たした。物資豊かな国の象徴としてのアメリカは、政治、経済、文化などあらゆる領域で、その圧倒的な強さを日本人にみせつけた。土地を接収したアメリカは、暴力的であり恐怖の対象でもあった反面、物資豊かで自由な雰囲気を醸し出す憧れの存在でもあった。

オフリミットである米軍基地内には軍事機密にかかわる兵舎、軍人や兵士のための宿舎をはじめとして、ありとあらゆるものが設置されており、その中にはある種の福利厚生施設としての機能を果たすクラブもあった。クラブでは飲食の他に、ポピュラー音楽を中心としたステージやダンスショーなども披露された。こうした米軍基地の風景は日本に限ったものではない。東アジアに限っても韓国において似たような風景がみられる。

本章では、米軍基地内に設置された米軍クラブに焦点をあて、米軍クラブが東アジアのポピュラー音楽文化に与えた影響をめぐって考察する。先ず、米軍クラブが設置された米軍基地の持つ特色について言及し、それが音楽における異文化受容のモデルとの相違点を確認する。そして、米軍クラブがそのモデルを逸脱した音楽文化における新たな異文化受容であったことを検討する。次に、米軍クラブについて日本と韓国の事例をみていく。韓国の事例を扱うときには、適宜、日本の場合と比較する。最後にネットワークとしての米軍クラブについて考察する。

1 「非＝場所」としての米軍基地と米軍クラブ

米軍クラブについて考察する際に、避けて通ることが出来ない米軍基地について、確認しておきたい。

図1（次頁）の世界地図に濃い灰色で塗りつぶされたところには国名が記されているが、そこに米軍基地があるということになる。図1で提示された地図は一九八〇年代後半の状況をまとめたものだが、アメリカは自国以外に軍事基地網を広げることによって、アメリカが軍事的に自由に利用できる土地を世界各地に拡大した。第二次世界大戦後、七〇カ国がアメリカの基地や施設を受け入れたという計算もある（ガーソン1994: 29）。

この米軍基地こそ特異なる空間「アメリカ」であって、その威力は絶大である。いかに威力が大きかったのかを知る好例として次の事例をあげてみよう。平和活動家として活動している、ベトナム戦争に従事した経験を持つ元米海兵隊員が、イタリアのドキュメンタリー映画『誰も知らない基地のこと』（原題は *Standing Army*、2010年）の取材に次のように応えている。

俺たちは基地の中でハンバーガーを食べ、バドワイザーを飲んでいただけだ。沖縄に居ながら、沖縄の文化や社会に何ら関心も払わなかった。

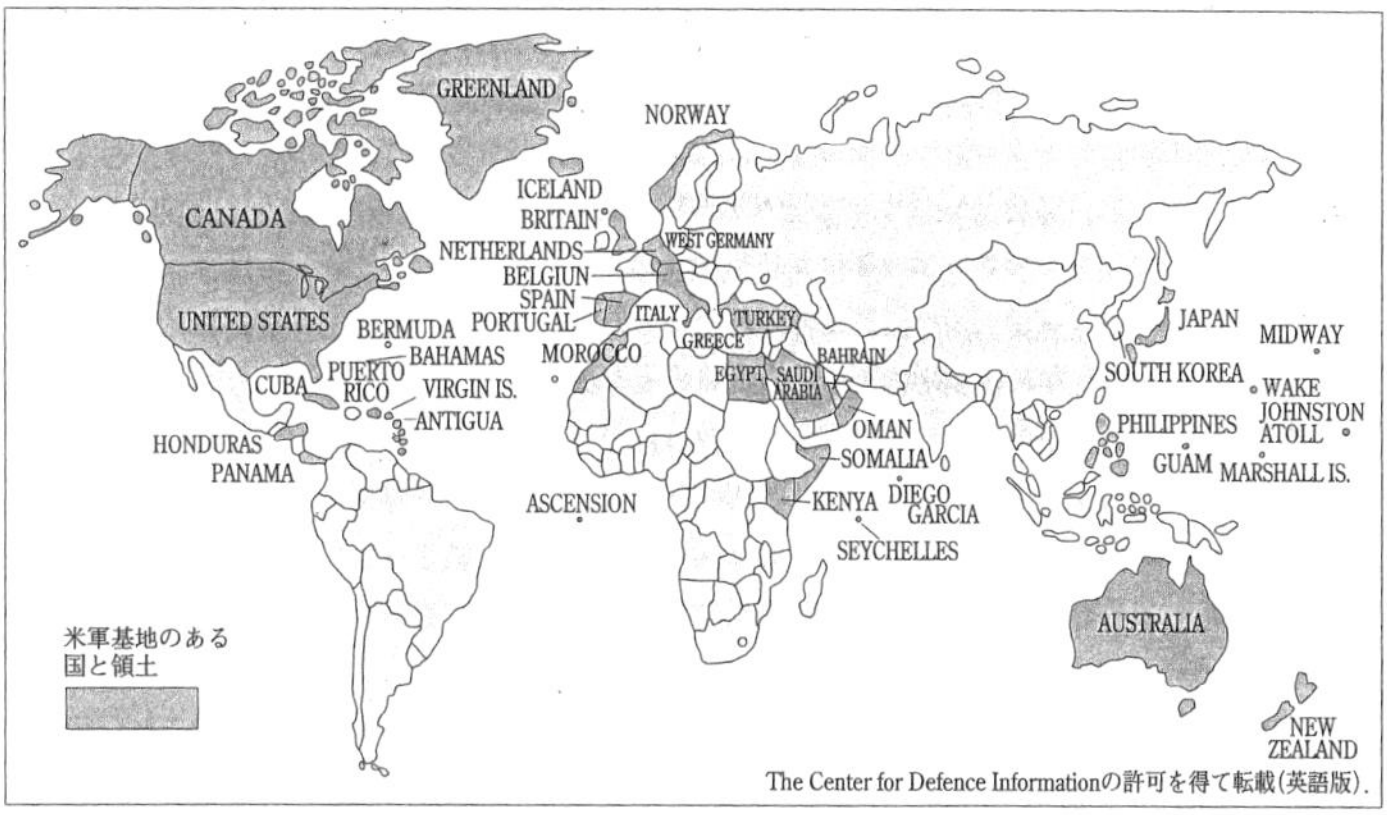

図１：世界に拡がる米軍基地（出典：ガーソン1994: 23）
注：国名が記されているところには、米軍基地がある。

この発言にこそ、米軍基地関係者以外立ち入ることが出来ないオフリミットな空間が内包する大前提を読み取ることが出来る。大前提とは、世界中どこにいてもアメリカにいるのと同じだということである。

米軍は、アメリカ本国以外の他国に存在する基地に従事する米軍人、米兵と彼らの家族に対して、限りなくアメリカ本土の暮らしと差がないことを約束しているのだ。たとえば、アメリカということで、バスケットボールやベースボールといったスポーツはすぐに連想されるだろうし、年中行事を彩る数々のイベントは欠かせないことにも納得がいくだろう。さらにはファミリー、家族思いといった言葉も口をついて出てくるだろうし、ダンスパーティーにオープンマイクのライブステージといった音楽も捨て難いだろう。これらすべてが米軍基地のなかで日常的に行われているのだ。

米軍関係者以外をオフリミットとする米軍基地に

ついて、文化人類学の観点から研究を進めた田中雅一は「米軍基地というのは、日本の領土であって領土ではない、コンタクト・ゾーンであり、ブラックホールなのである（田中2004: 14）」と指摘し、基地内の電話はすべて「ほかの基地ともつながっている。たとえば三沢の基地も横須賀と内線でつながっている。しかし、《ママ》実はこの内線でハワイや韓国にも連絡することができる（田中2004: 14）」ことを紹介している。

米軍基地はアメリカ本土以外に設置されても、アメリカそのものだったのである。その最たる特色として、米軍基地は、それが所在する地域の住民とは原則として関係性を遮断した閉鎖的空間ではあるものの、米軍基地内では地縁や血縁と密接に結びついたコミュニティの形成をすることのない「非＝場所」という存在であることが、あげられる。地縁や血縁に基づいたコミュニティ形成が難しいのは、違う基地への移動が軍事命令で行われるため、基地における人に着目するなら極めて流動的な側面があるからである（田中2004: 12-15）。

こうした「非＝場所」としての米軍基地には、軍人の娯楽施設としてクラブが設置され、食事、酒類とともにバンド演奏や、ショーが提供された。だが、アメリカ本国からの慰問として歌手、バンドマンやショーダンサーを頻繁にクラブのステージに立たせることは無理であったため、クラブでの演奏やショーには基地を設置した地域や国の人々が中心にステージに上がっていた。彼らがアメリカ発のポピュラー音楽に米軍基地内のクラブで接し、それらを自国の音楽文化に持ち帰った。前述したように、米軍基地には米軍関係者以外は立ち入り禁止で、オフリミットと呼ばれた。オフリミットに立ち入ることが出来た米軍関係者以外の者では、米軍基地内で働く従業員、米軍クラブに出演する芸能人、米兵たちの友人等、一部の限られた者たちだけであった。

2 フレースの理論と米軍クラブ

米軍基地内に設置された米軍クラブには、異文化受容の新しいモデルを読み取ることが出来る。先ず、音楽文化にみる異文化受容のモデルとしてフレースの理論をみてみたい。

ボーンザヘルフレース（Boonzajer Flaes）は、旧植民地のブラスバンドを調査し体系化する中で、一九世紀の西欧圏の軍楽隊が画一的な統制された側面が多々あったのに対して、植民地のブラスバンドは西洋からそのまま受容したのではなく、当該植民地の音楽と融合させる工夫をするなど、自分たちなりに消化、発展させていたことを指摘した。このフレースの理論（図2、次頁）は以下のように説明されている。

非西欧圏の者たちが西洋音楽に初めて接したとき、大きな衝撃を受ける。この衝撃は西洋音楽を自分たちも共有しようとして、模倣という段階に至る。さらに、自分たちの持つ民俗的な音楽との融合を積極的に試みるという発展的な段階へと移行する。この段階では、すでに西洋

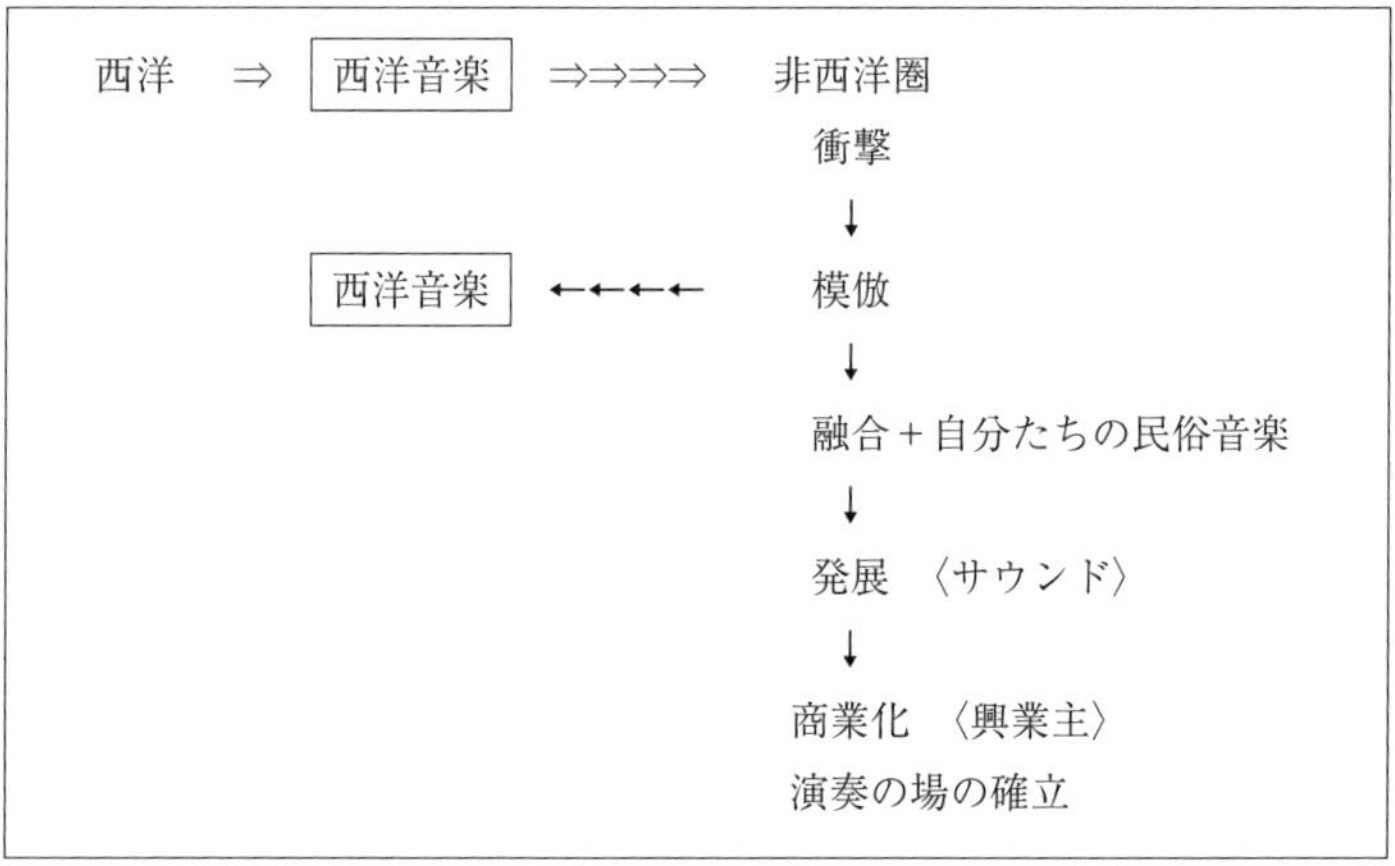

図２　フレースの理論を簡略化したモデル

音楽の模倣から解き放たれている可能性が強い。発展段階では、サウンド面だけでなく、興行主などが現れ、「地元」で活動していたブラスバンドは商品化され、演奏の場も確立する (Boonzajer Flaes 2000: 128-135)。

フレースの理論（図２）において非西欧圏の者たちは、これまで知らなかった西洋音楽に対して初めて接したときの驚きにとどまることなく、楽器演奏の技術ならば、真似をする、模倣の段階を経ることによって、西洋音楽を血肉化する。日本の文脈で眺めると、西洋音楽模倣の到達点に義務教育における音楽教育のカリキュラムと音楽大学の設置があったと言えよう。そして、「自分たちの民俗音楽との融合」とは、グローバル化していく西洋音楽を受容地域での独自の文脈で消化し発展させるローカル化を表している。さらに〈興行主〉の存在(注2)が明示されているが、米軍クラブにおいては米軍クラブでの仕事をバンドマンやショーダンサー等に仲介した、後述する仲介業の存在がこれに該当する。

フレースの理論を米軍基地に当てはめてみると、米軍基地内のクラブという場はフレースのモデルの枠組みを越えるものだった。米軍クラブの特徴として、クラブに関わる仕事が徐々に増えていったのではなく、目の前に完成されたシステムが現れ、オフリミットに出入りする者たちはクラブの慣習にせよ、新たに知ったアメリカ発のポピュラー音楽にせよ、いずれにせよすべてを短期間で身に付けなければならなかった。この点が米軍クラブ独特のシステムと言えよう。突如として完成されたシステムが、米軍に接収された地域に現れたことが米軍クラブの特徴である。ただしフレースの理論は、メディア環境が今日ほど発達していなかった時代の異文化受容を理論化したものであることをここで指摘しておきたい。それでも、フレースの理論とは違う、新たな異文化受容のモデルが、米軍クラブを巡る音楽文化にみてとることが出来る。

以下に、東アジアの代表例として、日本と韓国の米軍クラブにおける音楽文化についてみていきたい。

3　米軍クラブでの音楽実践（注3）

3・1　日本における米軍クラブでの音楽実践

進駐軍クラブという総称が表すように、日本の米軍クラブを考察する際のメルクマールは日米安全保障条約発効によって占領期が終わる一九五二年である。占領期の終結は、すべてではないが接収した土地、建物の返還や進駐軍兵士を撤退させた。米軍の娯楽施設である進駐軍クラブも、対象とする関係者が減ったのだから、当然、クラブ数も減った（東谷2005: 128-129）。占領期終結以降は、駐留軍クラブという総称となる。以下では、占領期の米軍クラブ、すなわち進駐軍クラブでの音楽実践について概観したい。

アメリカは、東京、横浜を中心に焼け残ったビルや土地の多くを接収し、軍用施設に作り替えたり、軍人用住宅を建築したりするなど、自国と近い環境、使い勝手のよい基地を「アメリカ」として具現化した。当然の如く、日本人の立ち入りは禁じられた。

この特異な空間である「アメリカ」では、米軍関係者が様々な占領政策に従事した。日本各地の基地やキャンプには、米兵たちの娯楽施設の一つとしてクラブが作られた。軍人の階級によって使用できる専用クラブが設けられ、全盛期には全国に五〇〇ほどあった。次にあげるクラブが代表的なものである。

OC（Officers Club　将校クラブ）
NCO（Non Commissioned Officers club　NCO クラブ・下士官クラブ）
EM（Enlisted Men's club　EM クラブ・兵員クラブ）

クラブでは、食事や酒が提供されただけにとどまらず、バンド演奏やショーも提供された。占領期後半まで、アメリカ本土からの慰問が少なく、バンド演奏やショーを日本人のバンドマンや芸能者に頼らざるを得ない事情によって、日本人によるバンド演奏やショーが必要となった。オフリミットへの立ち入りを特別に許された日本人は主に従業員、バンド演奏やショーに関わる芸能者、芸能者を斡旋する仲介業者だった。

当時、米兵からの要求が多かったのが、ジャズやアメリカで流行しているポピュラー・ソングなどのバンド演奏だった。とりわけ、スイングスタイルのビッグ・バンドやコンボによる演奏が多かった。

進駐軍クラブでの音楽実践を経験した者のなかには、占領期以降にもテレビを中心として活躍した者たちがいる（表1、次頁）。彼らのなかには、歌手、バンドマンだけではなく、戦後日本のポピュラー音楽だけにとどまらずテレビタレント等の芸能界に大きな影響を与えたプロダクションのナベプロ創始者の渡辺晋・美佐夫妻、同じくプロダクションのホリプロ創設者の堀威夫、ビートルズの日本公演を実現させた永島達司など、戦後日本のポピュラー音楽を陰で支えた者たちもいた。有

○1920年代生まれ
スマイリー小原（1921～1984），石井好子（1922～2010），守安祥太郎（1924～1955），笈田敏夫（1925～2003），永島達司（1926～1999），原信夫（1926～），松本英彦（1926～2000），宮沢昭（1927～2000），ジョージ川口（1927～2003），渡辺晋（1927～1986），渡辺美佐（1928～），穐吉敏子（1929～）

○1930年代生まれ
澤田駿吾（1930～2006），杉浦良三（1932～2002），世良譲（1932～2004），堀威夫（1932～），ウイリー沖山（1933～），ペギー葉山（1933～2017），小坂一也（1935～1997），松尾和子（1935～1992），江利チエミ（1937～1982），雪村いづみ（1937～）

表1　「アメリカ」を体験し、後に名を馳せた歌手、バンドマン等

名無名に関わらず、オフリミットの「アメリカ」に足を運び進駐軍クラブと何らかの関わりを持った人々は、数え上げたらきりがないほどである（東谷2005a）。

先述したように、オフリミットの空間であったクラブに入ることが出来たのは、ステージに立つ芸能者、芸能者をクラブに斡旋する仲介業者、クラブに勤める従業員であった。以下では、彼らと米軍クラブとの関わりについて言及したい。

先ず、クラブのステージに立った芸能者、そのなかでもバンドマンたちに共通することは、戦後の不安定な経済状況下で高額な金を手にすることが出来るという経済的理由でクラブでの演奏を始めた者が多かったことである。戦後すぐには軍楽隊出身者がその強力なネットワークによって仕事などの情報を得ていた。また、クラブでの演奏は需要と供給のバランスが崩れており、バンドマンの数が圧倒的に不足していたことから、アマチュアの参入が比較的楽に出来た。中でも「金になる」という理由だけで、楽器を弾いたことがない者まで参入した例などもあった（東谷2001: 129-133）。

演奏者は戦前からのジャズマンを除けばクラブで演奏が求められていたジャズに慣れ親しんでいたとは限らなかった。彼らがアメリカのポピュラー音楽の受容をする際に大きな役割を果たしたのは楽譜だった。その代表は、慰問用の「ヒット・キット（HIT KIT OF POPULAR SONGS）」、海賊版の「1001」と「ストック・アレンジメント」の三種類であった。これらの楽譜はどれも入手しにくいため、バンドマンの間で貸し借りをしたり、レコードやラジオに耳を傾け採譜したり、などの努力を怠らなかった者たちもいた。バンドマンは同時代の日本人より経済的には潤っていた。世代的にも一〇代半ばから二〇代半ば位までの者が多く、その中には若気の至りという言葉がふさわしい博打や薬物などの「遊び」に手を出した者もいた。

次に仲介業者についてみてみよう。クラブ側が芸能者の提供を受ける手だてとしては、戦前からの大手芸能プロダクションに依頼するほか、クラブのマネージャーや日系将校などの知己縁故の関係者という個人的なつながりに頼ることがあったが、これだけでは間に合わなかった（占領軍調達史編さん委員会1957: 5）。このような状況下において、英語の出来る者には仲介業者としてのビジネスチャンスがあった。

占領期後半には大手として名が通っていたGAYカンパニーは仲介業の中では、後発であった。大手にまで発展することが出来たのは社長が日系カナダ人二世であったことが大きかった（内田1995: 2）。GAYカンパニーは主にバンドを斡旋する部門と色《いろ》モノと呼ばれていたショーを斡旋する部門の二部門があった。東京に事務所をおいており、首都圏のクラブにバンドやショーを主に斡旋していたのだが、東北地方の三沢や八戸のクラブ、さらには北海道の真駒内や千歳のクラブにも斡旋していた。社員の一人は一週間でこれらすべてをまわるツアーを芸能者の引率として行っていたほどGAYカンパニーは仕事を得ていた。

このようなクラブと直接交渉して仕事を手に入れていた仲介業を営んでいた会社とは別に「拾い」と呼ばれる仲介業を個人的に営む者がいた。その仕事内容は、クラブが出演者をトラックで迎えに来る東京駅や新宿駅などのターミナル駅などで待機して、仕事を求めてそこに集まってきていたバンドマンに声をかけ、当日演奏させるメンバーを選び出して、即席のバンドを組み、クラブ側に斡旋することである。つまり、日雇い労働者を確保することである。

最後に、従業員として働いた日本人についてだが、クラブに雇われた日本人従業員はオフリミットの空間で毎日働くことと米軍に勤めるという点において、クラブに出入りした演奏者や仲介業者と大きく異なる。敗戦国民として、勝者アメリカ、すなわち敵国であったアメリカが接収した空間に出入りして従業員として働くことは、従業員それぞれの胸の内も、あくまで生計を営むための経済的なこととして割り切った者、物資豊かなアメリカを目の前にして驚く者、敗戦国民がかつての敵国民の下で働くことへの疑問を持った者など、複雑多様であった。このようなある意味、定点観測的な位置にいた者にとって占領期の音楽文化は、戦後復興のただなかにあった敗戦国日本の状況とは異なる華やかな空間であった。

3・2　韓国における米軍クラブでの音楽実践

米軍クラブを考える際、設置された国の歴史的背景がきわめて重要になる。韓国においても、その例に洩れることはなく、韓国のポピュラー音楽研究者のシン・ヒョンジュン（신현준）は「朝鮮半島で起こったこの悲劇によって、戦後という言葉は「一九四五年以降」ではなく、「一九五三年以降」を指すこととなった。単に八年遅れたというばかりでなく、韓国の人々の情緒は戦争を体験していない他国の戦後の一般的な情緒とはすっかり異なるものとなっていた（シンほか2016: 25-26）。」と韓国ポピュラー音楽史を学術的な視点から論じる著作の中で確認している。

韓国において米軍クラブを考察する際のメルクマールは、一九五七年である。つまり、「日帝強占期」からの解放、すなわち一九四五年の第二次世界大戦の終戦にともなう日本による支配終結から一九五七年までと、朝鮮戦争後の一九五五年七月二六日に日本から韓国に米八軍司令部が移転することによって、米八軍の関係者向けのショーは拡大され、アメリカからの慰問団の公演も行われたほどであった。だが、アメリカからの慰問公演だけでは限りがあるため、韓国人芸能者たちが個別に米軍クラブ関係者と交渉してステージに立ったり、米軍クラブにショーを仲介した業者が数多く出来た。こうした背景の下、一九五七年に米軍クラブに韓国芸能人の仲介を体系的に管理する事業である「芸能人用役事業」の必要性が高まり、米八軍舞台だけを本格的に扱う業者が誕生した。この業者は、政府の商工部に登録して「用役ドル輸入業者」という資格を得なければならなかった（シンほか2016: 26-27）。

韓国の米軍クラブは、一九五七年を境に仲介システムの面で大きな変化はあったが、米軍のクラブの種類は、軍人の階級によって、OC、NCO、EMのように分けられ、原則として韓国人立ち入り禁止のオフリミットであり、クラブでは食事、酒、バンド演奏、ショーが提供されたのは、日本と同様であった。

米軍クラブでの音楽実践の経験を活かして、自国のポピュラー音楽の発展に貢献した者たちの世代について検討してみると、日本においては、表1（86頁）で明示したように、一九二〇年代から一九三〇年代前半生まれ、すなわち二〇二〇年時点で九〇歳以上の者がほとんどであるのに対して、韓国では、一九三〇年代から四〇年代初めに生まれた人（シンほか2016）、すなわち二〇二〇年時点で八〇歳以上の者がほとんどである。実際、本章で引用するインタビュー対象者(注4)は、先述してあるようにこの枠内に収まっている。

日本よりも韓国の方が、ほぼ一〇歳若いわけだが、これは、日本では米軍クラブは占領期（一九四五年〜一九五〇年代前半）に活性化していたのに対して、韓国では朝鮮戦争後に活性化していたため、主に二〇代前半に米軍クラブで音楽実践を積むことが多かった状況を視野に入れれば、日韓で一〇年の開きが出てくることに無理はないだろう。

米八軍舞台で演奏した経験を持つギタリストのキム・フィガプ（김희갑）に、日本の進駐軍クラブのステージや「かまぼこ兵舎」と呼ばれる米軍基地の写真を見せたところ、懐かしそうに写真に見入って言葉を紡いだ。

地方はだいたいこういう形（かまぼこ兵舎）。ソウルは、ちょっと違った。ヨンサン（龍山）。日本の植民地時代から軍の兵舎だった建物を米軍が引き継いで使って、建物がなかった所は、建物がなかった土地には、かまぼこ兵舎を建てた。

一九五〇年代半ばには、韓国内に設置された米軍クラブは二六四を数え、韓国芸能人の公演に支払われる金額は年間一二〇万ドル近くにも達しており、この金額は当時の韓国の年間輸出総額に匹敵するものであった（シン2005）。韓国内の米八軍クラブのあった場所について、一九五一年六月頃に米八軍クラブのバーテンダーとして働くようになり、一九五六年春から一九七〇年三月まで米八軍クラブマネージャーを経験した、キム・ヨンハ（김영하）によれば、各基地内のクラブ数は、K6が3、テアン（泰安）が1、テジョン（大田）が2、テチョン（大川）が1であった。米八軍舞台が誕生する以前に、米八軍舞台と似たショーを提供する楽劇団のKPKに団員として所属していたソン・ソグ（손석우）は、演奏しに行ったことのある米軍クラブの所在地として「パジュ（坡州）、ムンサン（蚊山）、オサン（烏山）、スウォン（水原）、プピョン（富平）、インチョン（仁川）、テグ（大邱）、プサン（釜山）、ソミョン（西面）、ソンド（松島）」をあげている。

米八軍クラブの出入りが認められたのは、ステージに立つ芸能者、芸能者をクラブに斡旋する仲介業者、クラブの従業員であった。この点については、前述したように日本と同じである。以下では、米八軍クラブに関わった韓国人について言及したい。

先ず、米八軍クラブの日本との大きな違いについて示しておきたい。日本の進駐軍クラブにおけるステージでは、バンド演奏、とりわけジャズバンドによる演奏が中心に組まれ、付随してダンスショー、奇術など多種多彩な実演があったのは既述した通りである。これに対して、韓国では、バンド演奏だけでなく、ダンスショーもすべてを含めたものを一つの「ショー」とした。こうした「ショー」の形態から米八軍舞台と称されることになったようである。米八軍舞台を駐韓米軍クラブに仲介した仲介業者に対する法的整備が行われたのが先述した一九五七年だった。

米八軍舞台を経験した芸能者たちのなかには、その後、韓国のポピュラー音楽の歴史に名前を刻んだ作曲家、歌手、ギタリストなどがいた。こうした特定の個人にとっての下積みの場としての側面だけにとどまらず、米八軍舞台そのものが、「戦争という特殊な状況下での一過的な「慰問公演」ではなく、ミュージシャンの需給および聴衆の確保など、ひとつのシステム（シンほか2016: 28）」として機能した点において、韓国のポピュラー音楽の歴史を語る上で欠かすことの出来ない存在となったのである。

こうした米八軍舞台の仲介業に関わった事務所には、ファヤン、ユニバーサル、20世紀、があった。これらのなかで最大手だったのがファヤンだった。ファヤンに所属していたギタリストのシン・ジュンヒョン（신중현）が、ファヤンの事務所の雰囲気を述懐した。

ファヤンの状況を申し上げますと、練習室があって、色んなサービスも提供していて、たとえば、対話が出来る場所もあったり、レストランもあったり、喫茶店があったり、付帯施設は充実していました。そこには、芸能人たちが所属していて、ある意味、芸能人の集合場所っていう所なんですけれども、その芸能人たちも、とても華やかな衣装を着て、言葉も洗練されていて、生活水準も良くて、一般の世界とは、全然違った世界でした。彼らには、自負心もあったりしました。

練習室を準備したのは、日本以上に、韓国では米八軍クラブに出演するためのオーディションが厳しかったからであろう。オーディションではランクを付けられるため、少しでも上位のランクを獲得できるようバンドマンは日夜、練習に励んだ。米軍兵相手の演奏であるため、アメリカ発のポピュラー音楽を上手に演奏出来るようになることが必須条件であったのは日本のバンドマンと何ら変わりがない。オーディションでのエピソードをキム・フィガプは披露した。

アメリカ音楽をコピーして演奏してるから、ちゃんとコピーされているのか、アレンジもうまくされているのか、発音は正しいか、そういうのを総合して指摘が出た。発音がこの辺が変だったというふうに専門的な指摘が出た。
オーディションが終わってから一週間後は、二、三ヶ月先の次のオーディションを準備しなければならなかった。学校みたいな所だった。

ショービジネスとはいえ、演奏技術だけではなく、英語の発音もチェックを受けなければならなかったのは厳しかったであろう。

米八軍クラブで演奏するための楽曲をどのように受容したのであろうか。ソン・ソグに「ヒット・キット」の写真を見せると、「(「ヒット・キット」は)随分、勉強になりましたよね。ですから、とても懐かしかったですよ。「ヒット・キット」を見た時には。」と笑顔で語りはじめた。軍楽隊出身の作曲家のキム・インベ(김인배)も「ヒット・キット」で勉強したという。キム・フィガプは、「ヒット・キット」と似た形態の「ソング・フォリオ」という楽譜を手に入れて学んだという。シン・ジュンヒョンは、「ヒット・キット」も「ソング・フォリオ」も入手し、米軍が放送するAFKNに耳を傾けたという。ソウル大学卒業後、ソン・ソグの手による作品を歌うことで一躍、国民的歌手となったチェ・フィジュン(최희준)もラジオが自分の先生だったという。このように、楽譜と米軍放送で学んだ点については、日本のバンドマンのポピュラー音楽受容と一緒である。

これらは、アメリカのポピュラー音楽に馴染みの薄かったバンドマンや歌手たちの音楽の学び方である。日本の場合と同様、韓国においても、第二次世界大戦中にアメリカ音楽に親しむ機会がほとんどなかったことを鑑みれば、当然といえよう。だが、すでに米軍クラブでよく演奏されたジャズに馴染む段階どころか、ジャズ演奏に精通している者もいた。キム・インベは彼らについて語った。

上海で、ジャズ、スウィングジャズをやっていた人たちです。基礎くらいはやっていたんでしょうが、あっちに行って、大変上達したのではないでしょうか。（演奏技術は）大変上手でした。

米八軍クラブのステージでは、一九五〇年代後半まではスイングスタイルのビッグ・バンドやコンボ演奏が多く、一九六〇年代前半にロックが登場すると、いち早く取り入れられた。なお、ソン・ソグが米八軍クラブでよく演奏した楽曲と、彼と年齢の近い陸軍軍楽隊出身の日本人バンドマンの高澤智昌がよく演奏した楽曲のうち、二人が共通してあげた楽曲は表2にあるとおりである。

韓国では、米軍クラブへの仲介システムが本格的に確立されていたとはいえ、仲介システムから外れた経路は、日本同様、存在した。韓国のフォークソングと関係が深いことで知られるイー・ペクチョン（이백천）は、ソウル大学卒業後、米八軍舞台で活動していた経験を持つのだが、韓国での「拾い」について次のように語った。

時たまね、みんな売れてしまうんですね。良いバンドが。そうすると、ムギョドン（武橋洞）にある、地下にある、ティールームがあったんですよ。そこが

≪Blue skies≫,	≪Caravan≫,	≪Indian love call≫,	≪Jealousy≫,
≪Lover come back to me≫,	≪My foolish heart≫,	≪September song≫,	
≪Smoke gets in your eyes≫,	≪Star dust≫,	≪Summertime≫,	≪Taboo≫

表2　進駐軍クラブと米8軍クラブで、よく演奏された楽曲

溜まり場となって。色んな演奏団だとか、集団だとかに属していない演奏家は、そこへ来て、
誰かが拾ってくれるんじゃないかと・・・。

この「拾い」については、キム・フィガプも当時、次のようなことを耳にしていたという。

・・・ビリヤード場で集まってた。失業中の楽士たちが集まってた。クラブのパーティーに「ドラム、誰かないか!」とか呼んで引き連れていった。ブッキングは、クラブから通訳の人とクラブの人がそこに行く。韓国語も英語も出来る人がきて、ブッキング。アメリカ人一人、韓国人一人。難しい言葉は必要ないから。楽器名を言って、楽士たちがチームを組んで出てくる。・・・(演奏技術の)レベルが低かった。

こうした「拾い」に関する状況は、ターミナル駅で「拾う」日本の場合と比べると、場所の違いがあるとはいえ、基本的には同じである。おそらく日本においても韓国においても、歴史に刻まれることなく、埋もれてしまう一風景であろう。

おわりに

他国の米軍基地に派遣されていた米軍人が、派遣先とは違う国に新たに派遣されることもあった。キム・インベは韓国陸軍軍楽団出身で、米八軍舞台での活動経験もあるが、彼が米軍基地で聞いた音楽について次のように語った。

> 日本に駐留していた米軍が、韓国に入ってきたので、その時に、《東京《ママ》カンカン娘》《東京ブギウギ》《支那の夜》だとか、そういうのが流行ってた。そういう曲は、音楽に精通していたり、技術が高い人でなくても出来た曲なので、そういうのを披露して、余り上手くなくても、そういう曲を奏でていた。

米軍クラブはアメリカ発のポピュラー音楽だけでなく、日本発のポピュラー音楽をも仲介していたことがわかる。

一九六〇年代前半には、米八軍舞台にアメリカ発の新しいポピュラー音楽のジャンルとしてロックが登場した。米軍クラブでは、観客であるアメリカ軍人、兵隊の好みが最優先されるので、仲介業大手のファヤンもロックを演奏出来るミュージシャンを米八軍クラブに送り込んだ。日本でも、駆け出しのミュージシャンの中には、ロックを駐留軍クラブに演奏しに行った経験のある人たちもいたが、(注5)占領期と違って、ポピュラー音楽の演奏者が、こぞって米軍クラブに足を運んだわけではなかった。

米軍クラブはアメリカ軍の軍人、兵隊のための福利厚生施設という側面が強かったため、自分が派遣された国や地域については何の関心も無く、アメリカ国内にいるのと同じようなライフスタイルを送ることが出来たため、先ほど紹介した元米海兵隊員が「俺たちは基地の中でハンバーガーを食べ、バドワイザーを飲んでいただけだ」とインタビューに応えたのは必然のことといえる。

だが、先述したように、「非＝場所」性を有する米軍基地は、ローカルに触れることによって変化したと解釈することも出来る。とりわけ米軍クラブにおいては、米軍基地が設置された地域のバンドマンがオフリミットの米軍クラブから当該地域へクラブで演奏されたポピュラー音楽や音楽ビジネスを運んだ。つまり、米軍基地が設置された国や地域にとっては、世界的規模で展開された米軍基地の中に設置された米軍クラブは、米軍基地が設置された国や地域にアメリカ発のポピュラー音楽、そこには演奏技術、仲介業を含むポピュラー音楽のショービジネスといった音楽産業をも伝える媒介、すなわちメディエーションだったのである。そして、何よりも、それまでの異文化受容とは異なる、新たな受容のありかたを示したのである。

注

（1）エピグラフで詩の一部を提示した《コーンパイプの魔のけむり》は、阿久悠が曲のない状態で作詞したものを集めた『書き下ろし歌謡曲』（岩波新書、一九七七年）に収録されている。この本に収められたいくつかの詞にはその後、曲が付けられたものもあるが、《コーンパイプの魔のけむり》には二〇二〇年一月時点では、曲は付けられていない。

（2）サウンドの発展の次に〈興行主〉の存在が明示されている点などは興味深い。たとえば、ビートルズの目の前に音楽プロデューサーのジョージ・マーティンが現れなかったら、ビートルズはこれほどまでに世界的に著名なグループになっていたかはわからない。いわゆるアーティストをステップアップさせる契機を作ってくれる人物の存在が大きいということだ。このように、フレースの理論は音楽文化を考える際に、応用的な側面がある理論と言えよう。

（3）３・１、３・２では、日本と韓国の米軍クラブについて検討を加えるため、東谷（2014）を中心とした筆者の既出論考と重なる部分が多いことを断っておきたい。

（4）インタビューは、以下の日時に行った。インタビューに際しては、インタビューに応えてくださった皆様が高齢者ゆえに記憶違いの生じる可能性もあることを念頭に、同じ質問を繰り返して確認する作業をしたり、日本との比較を検証するために日本の米軍クラブ関連の写真を見てもらいながら質問したり、等の工夫を施した。インタビューに応えてくださった方々は程度の差はあるものの日本語を聞き取ることが出来たため、意思の疎通が難しいことはなかった。なお、通訳は韓国語新聞の記者経験のある金淑子氏とソウル大学卒業後東京大学大学院に当時在籍中だった南慈英氏である。以下のインタビューに応えてくださった方々の掲載順番は、本文で登場する順である。すべての録音CD-Rは筆書所蔵。

1　キム・フィガプ（김희갑、一九三六年生まれ、ギタリスト）［二〇〇八年三月八日、ソウルルネサンスホテルビジネスセンター会議室（韓国・ソウル）］

2　キム・ヨンハ（김영하、一九三〇年生まれ、米八軍クラブマネージャー）［二〇〇八年一一月九日、二〇〇九年三月一五日、両日ともに、ロッテホテルソウルビジネスセンター会議室（韓国・ソウル）］

3　ソン・ソグ（손석우、一九二〇年生まれ、作曲家）［二〇〇八年三月七日、ロッテホテルソウルビジネスセンター会議室（韓国・ソウル）］

4　シン・ジュンヒョン（신중현、一九三八年生まれ、ギタリスト）［二〇〇九年三月一三日、自宅・ウッドストックスタジオ（韓国・ソウル）］

5　キム・インベ（김인배、一九三二年生まれ、元KBS楽団長・作曲家）［二〇〇八年五月一七日、ロッテホテルソウルビジネスセンター会議室（韓国・ソウル）］

6　イー・ペクチョン（이백천、一九三三年生まれ、TVプロデューサー）［二〇〇八年五月一六日、一山某カフェ（韓国・ソウル）］

（5）いかりや長介（1931-2004）はザ・ドリフターズ結成前の一九六〇年代前後に首都圏の米軍クラブでベース奏者として演奏していた。吉田拓郎（1946-）はアマチュア時代に組んでいたバンドメンバーと広島県呉の米軍基地内の米軍クラブに演奏しに行った経験がある。内山田洋とクールファイブは長崎市内のナイトクラブの専属バンドになる前に長崎県佐世保の米軍基地内の米軍クラブで演奏していた経験がある。クールファイブに所属していた前川清（1948-）と同学年のアリスのドラマーの矢沢透（1949.2.-）は一九六五年頃に米軍キャンプでR＆Bを叩いていた。興味深いところでは、西城秀樹（1955-2018）がアマチュア時代の一九六〇年代後半に呉の米軍基地内の米軍クラブでの演奏経験があったことである。上述した者たちより、かなり若い世代で米軍基地内の米軍クラブでの演奏経験があることで有名なのは、小比類巻かほる（一九八五年レコードデビュー）だが、彼女は青森県の三沢基地内の米軍クラブに出入りしていた。

第4章　ザ・タイガースからみたロックのローカル化

周東美材

はじめに

本章は、一九六〇年代後半のグループ・サウンズ（GS）、とりわけザ・タイガースを対象とし、グローバルに展開したロック音楽が、日本社会の中でいかに受容されていったのかを明らかにするものである。

一九六六年六月のザ・ビートルズ（The Beatles、以下、ビートルズ）の来日公演以降、日本ではロック・バンドのデビューが相次ぎ、少女たちを中心にグループ・サウンズが爆発的に流行していった。しかし、このブームは、世界で流行していた英米スタンダードのロックがそのまま日本に移植された、という直線的な受容体験ではなかった。というのも、グループ・サウンズの王子さま風の衣装、ファンタジックな歌詞、歌謡曲のような楽曲は、英米のロックが持っていた反逆性、セックスやドラッグのイメージ、音楽的なグルーヴ感といった特徴からは程遠く、むしろ「未熟さ」を志向していたからだ。「グループ・サウンズ」という和製英語からも窺い知れるように、このブームには日本社会におけるローカルな個性が刻印されていたといえる。

ビートルズをはじめとするロックの受容は、一九六〇年代半ばの日本における「西洋の衝撃」の一つだった。幕末の鼓笛隊、明治期の軍楽隊や学校唱歌、昭和初年の外資系レコード、占領期のジャズなどが、グローバルとローカルの接触と摩擦から生まれたのと同じように、ロックという異文化は、まずはグループ・サウンズという形態を経ることで日本の大衆に受け入れられていったのである。

ロックという異文化を受容する回路になったのは、少女たちだった。もちろん音楽評論家やエレキ・ファンは、少女たちよりも前から英米のロックの動向を注視していた。だが、ロックのレコードを大量に買い漁り、コンサートで狂喜乱舞したのは、教師やPTAが眉をひそめたグループ・サウンズを愛好するティーンエイジャーだった。ロックは、「女・子ども」という緩衝装置を経由することで、一般的な認知を高め、日本へと受容されていったのである。そこには、日本社会が少女趣味をあえて選択することで、ロックが緩やかに根を下ろし、定着していくという文化変容のダイナミズムがあった。

グループ・サウンズのなかで抜群の人気を集めたのが、ザ・タイガース（以下、タイガース）だった。タイガースは、瞳みのる、森本タロー、岸部修三（後の岸部一徳）、加橋かつみ（加橋脱退後、岸部四郎が加入）、そして、沢田研二によるバンドだった。彼らはファニーズというバンド名で、大阪のジャズ喫茶・ナンバ一番で洋楽のカヴァー・バンドとして活動していた。そのライヴの様子が内田裕也と渡辺プロダクション（ナベプロ）の目に留まり、五人で上京、合宿生活をしながら一九六七年二月、《僕のマリー》でタイガースとしてデビューした。マネージャーの中井國二は、二四時間生活をともにしながら彼らを束ね、メンバーとナベプロのあいだに立って辣腕を振るった。タイガースは、徹底的なアイドル化戦略によってテレビで愛嬌を振りまき、一九七一年一月に解散するまで「未熟さ」の世界を上演していった。彼らの先輩バンドにあたるジャッキー吉川とブルー・コメッツやザ・スパイダース（以下、スパイダース）と比べても、そのアイドル性は際立っていた。(注1)

本章では、日本のロックであるタイガースが「未熟さ」を演じることになっていった過程を、流通・創作・消費の諸側面から明らかにする。まず、ロック・バンドやエレキ・サウンドのグローバル化と、グループ・サウンズの勃興を概観する（第1節）。次に、タイガースの音楽的特徴と創作者たちの戦略（第2節）、さらに、少女たちの熱狂とロックの衝撃の陳腐化（第3節）について考察する。考察の資料としては、タイガース関係者のドキュメントを参照したほか、瞳みのる氏へ直接インタヴューした記録も含める。(注2)

1　ビートルズの衝撃

1・1　イギリス由来のエレキ・サウンド

一九六六年六月のビートルズ来日を契機として、日本では空前のバンド・ブームが起こった。ヴォーカルを中心に据えたロック・バンドの結成が相次ぎ、グループ・サウンズの時代が幕を開けたのである。

ビートルズ来日以前、メジャーで活躍するバンドといえば、ジャズ・バンドがほとんどだった。

ジャズ・バンドは、アコースティックな管楽器が主体で、歌謡曲のバックで伴奏していた。テレビなどから日常的に聞こえてくるバンドの音といえばジャズだったのである。

エレキギターを含むバンドの場合でも、インストゥルメント・バンドが一般的だった。たしかにザ・ヴェンチャーズはバンド・ブームを呼び起こしたし、寺内タケシとブルー・ジーンズのようなバンドが現れたが、ヴォーカルはいなかった。阿久悠がホリプロと組んで企画し一九六五年一〇月に放送開始したテレビ番組「世界へ飛び出せ！ニューエレキサウンド」では、ヴェンチャーズなどのコピー・バンドのコンテストが行われ、ザ・サヴェージが存在感を示した。だが、ギター少年の多くは楽器のみで歌わなかった。こうした歌わないエレキ・バンドは、ショウ・アップが欠かせないテレビには不向きだったという（阿久 2007: 275-281）。

ほかにもエレキ・サウンドで歌い画面に登場した先行世代としては、ロカビリーの平尾昌晃らや、エレキの若大将の加山雄三もいた。しかし、彼らはバンド編成ではなく、ひとりのスター歌手の魅力によって支えられており、歌手とバンドとは別物だった。瞳は、ロカビリーが「僕らの感覚とは、ちょっと違うんですよね。その歌は個人のものだったわけです。バンドはいても、こう言っては何だけど、そのメンバーは誰でもよかった。歌手とバンドとがセパレートしていた」と語り、ビートルズやザ・ローリング・ストーンズ（The Rolling Stones）の登場により、「エルヴィス・プレスリー（Presley, Elvis）の時代は過ぎたんだな、という気がしました」（瞳 2013a: 15）と振り返る。

プレスリーの時代の終わりを嗅ぎ取っていた新世代にとって重要だったのは、ビートルズという

「西洋の衝撃」が、イギリスのものとして経験されたことである。ジャズ、ロカビリー、サーフ・ロックのような音楽は、いずれもアメリカ発の音楽だった。これに対して、ビートルズがもたらしたマージー・ビートはイギリス発だった。新しいエレキ・サウンドは、戦後生まれの若い世代の関心を捉えた。岸部四郎もまた、「それまでのポピュラー・ミュージックはすべてアメリカがその発信地だったわけですが、このことをひっくり返すかのようにイギリスという島国のしかも田舎からでてきた」(岸部・藤井剛彦事務所 1990: 107) ことの斬新さを指摘する。

そのころ、ロックをプロとして演奏して名を上げていた日本のバンドは、ジャッキー吉川とブルー・コメッツやスパイダースなどに限られていた。ブルー・コメッツにしても、スパイダースにしても、米軍キャンプを回って腕を磨いたため、アメリカ音楽が体に染み着いていた。演奏面での実力者を揃えており、当時「外タレ」と呼ばれたジーン・ヴィンセント (Vincent, Gene)、ザ・アニマルズ (The Animals)、ザ・ビーチ・ボーイズ (The Beach Boys) などの来日コンサートでは共演を果たした。「本場」を間近で見てチョーキングなどの奏法を学びつつ、それでいながら海外ミュージシャンの人気やテクニックに伍すること、ときには上回ることがプロとしての彼らの誇りだった。

ビートルズに衝撃を受けたスパイダースのかまやつひろしは、一転して徹底的に「ブリティッシュ」に同化し、アメリカ人ではなくイギリス人になりきろうとしていた。彼は、「イギリスに生まれればよかったと、本気で思っていた」、「スパイダース全員、みんな本当にそう考えていた」(ムッシュ 2009: 82）と告白する。すでにキャリアをスタートさせていた若きプロのバンドマンたちは、アメリカに代わるイギリスという他者を内面化し、新たな身体性を手に入れて、生まれ変わろうとしていたのである。

当時のビートルズは、不良、野蛮、低級な音楽として保守層を中心に反感を買っていた。特に武道館を使用する来日公演では、右翼団体が抗議に乗り出す事態を巻き起こした。だが、少女たちの歓迎ぶりは、日本のレコード会社や芸能プロダクションにとって商機と思えた。歌うバンド少年を世に送り出せば、売れるのではないかという可能性が見出されたのである。こうした中で、一九六六年八月には寺尾聰が歌うサヴェージの《いつまでもいつまでも》、九月には堺正章の歌うスパイダースの《夕陽が泣いている》がリリースされ、それぞれヒットを飛ばした。日本のロック・バンドが洋楽カヴァーではなく、オリジナル曲でヒットを仕掛ける局面が訪れたのである。これによって、ロック・バンド編成やエレキギターといった新たなテクノロジーが受け入れられ、日本のポピュラー音楽史に歌うエレキ・サウンドが定着していった。

1・2 グループ・サウンズの誕生

英米ロックに追いつくことに心血を注ぎ、ビートルズ公演のオープニング・アクトを打診されたスパイダースにとって、感傷的な《夕陽が泣いている》のヒットは予想外だった。浜口庫之助が作詞・作曲したこの楽曲は、もともとロックを意識したものでさえなかった。だが、ホリプロの堀威夫は、「いくらいい音楽をやったって客のいないところじゃ意味がない。客のいるシチュエーションを作って、自分たちの本当に追求したい音楽をやりたいならやればいいじゃないか」とスパイダースを説き伏せ、無理矢理歌わせたという（稲増 2017: 109-110）。

結果的にはこの曲のヒットによって、スパイダースは音楽業界内でのメジャーとして足場を固めていった。だが、かまやつは、客層にコアなロック・ファンだけでなく橋幸夫や舟木一夫を聴くような観客が増えていく様子を見て、「以前よりつまらなくなってしまった」（ムッシュ 2009: 101）と回想する。田邊昭知も「何が何だか分からなくなっちゃってましたね」（阿久・田邊 2002: 75）と振り返っている。

彼らは《夕陽が泣いている》のヒットにジレンマを抱えつつも、世代交代の激しい芸能界で生き残るためには、歌謡曲か映画俳優かで身の処し方を選ばざるをえないという現実にも直面していた。そこで、スパイダースは、堺正章の巧みな話術などを武器にしながら、テレビの人気者になる道を選んでいった。当時のスパイダースにとって一番の強敵は、ジャニー喜多川が一九六四年に送り出したグループであるジャニーズだった（注3）。だが、スパイダース人気が高まっていく時期に、ジャニーズはレッスンのために渡米留学していた。スパイダースは、「鬼のいぬ間に、という感じで」男性アイドル・グループの首位を奪った（ムッシュ 2009: 106-107）。

プロのロック・バンドが話題に上るようになっていく一方で、学生を中心にアマチュア・バンドの裾野も広がりつつあった。デビュー前のザ・ワイルド・ワンズやタイガースのメンバーが、ジャズ喫茶やナイト・クラブなどで演奏し始めたのである。一九六七年九月以降、「素人バンド登場」という連載を始めた雑誌『ヤングミュージック』は、全国に一万ものアマチュア・バンドがあると試算していた。

ビートルズ来日やスパイダースのオリジナル曲のヒットを受けて、後続世代となるグループが高校生や大学生のアマチュア・バンドの中から発掘され、次々にレコード・デビューしていった。ヴィレッジ・シンガーズ、オックス、オリーヴ、ザ・カーナビーツ、ザ・ゴールデン・カップス、ザ・ジャガーズ、シャープ・ホークス、ズー・ニー・ヴー、ザ・ダイナマイツ、ザ・テンプターズ、ザ・ハプニングス・フォー、パープル・シャドウズ、4・9・1、ザ・モップス、ザ・ワンダーズなどである。その数は一〇〇有余に上り、レコード・デビューせずにセミプロ的に活動していたバンドは三〇〇を下らないとされている。こうしたバンドが雑誌や新聞記事上で「グループ・サウンズ」と称されるようになったのは、一九六七年三月頃のことであった（黒沢 2007: 14, 118）。彼らは当時から「アイドル」と呼ばれていた。

グループ・サウンズの出現は、グローバルなビートルズ旋風に対する日本社会の選択と対応の結果だった。少年たちがテレビで歌うようになったことで、ロックは幅広い大衆性を獲得していった。グループ・サウンズは、教師やPTAからも、古くからの洋楽・ロック通からも、学生運動やヴェトナム反戦運動の活動家からも白眼視された。騒々しい不良の音楽として、技術的に稚拙な音楽として、商業主義に堕した批判精神のない音楽として、グループ・サウンズは非難されたのである。

だが、拒否反応の強さは、流行の隆盛の証でもあった。

そして、グループ・サウンズの一群の中でも、トップ級の人気を得ていたのが、タイガースだった。タイガースは、先行するブルー・コメッツやスパイダースが米軍クラブで音楽修行を積んだように、どっぷりとアメリカに浸かっていたわけではなかった。大阪のジャズ喫茶で洋楽カヴァーを演奏するアマチュア高校生だった彼らは、ナベプロによって人気アイドルに変えられていった。瞳は、先発のブルー・コメッツやスパイダースがまず田畑を耕し、「収穫とか、僕ら、持っていったっていう感じだね」と振り返る。

1・3　音楽業界の明治維新

グループ・サウンズは、一過性の流行だったが、時代の徒花として消えてしまったのではなかった。その余波は、日本のレコード会社の生産体制を内側から再編していくという、より深層的な変化をもたらした。変革の渦中にいた阿久悠や田邊昭知は、グループ・サウンズは「音楽業界の明治維新」であり、「ビッグバン」だったと表現する（阿久・田邊 2002）。

ロック・バンドの可能性に目を付けたのは、日本コロムビアや日本ビクターなど旧来の大手レコード会社には所属していないフリーの作家たちだった。当時の日本のポピュラー音楽は、レコード会社による専属制度と分業体制という拘束の下で創作されていた。各社がお抱えの作詞家と作曲家に楽曲を作らせ、それを自社の人気歌手に歌わせるというルールが厳然として存在していたのである。大物にもなれば「先生」と呼ばれ、上下関係の慣習が根付いていた。

グループ・サウンズは、この体制に風穴を空けていった。瞳は、当時の様子を次のように指摘する。

それまでは遠藤実とかさ、昔の大御所がみんな仕切ってたわけですよ。そこに入り込める余地がなかった。歌謡曲、演歌とか、そういう連中に。だからそこで、レーベルを変えてそこに風穴をあける。レーベルを変えるから、最初から、たとえば、《花の首飾り》だったら「フラワー・バンド」とかね。そういうような名前にして、《僕のマリー》のやつも「マイ・マリー」とかさ。そういうように作って、「違いますよ」と。「これは洋盤ですよ」っていうかたちで出したわけ。洋盤だということで。だから、「彼らとは違いますよ」って出した。それが、洋盤が邦盤を要するに食っていくっていうことになるんです。

グループ・サウンズは、歌謡曲などのカテゴリーではなく、洋盤として発売され、英語の楽曲名も付与されていた。このような横文字音楽は、古くからの「先生」のテリトリーを荒らすものではない、正規のものではないという口実になったわけである。年長のジャズマンたちも、ロックを取るに足らない子どもの音楽だと見下し、気を抜いて相手にしなかった。プライドの高い彼らはロックを「稚拙だと思ってたんです」と瞳は明かす。

レコード産業の内部にわずかに存在していた空隙は、「音楽業界の明治維新」の発火点となった。すぎやまこういちを筆頭にして、阿久悠、なかにし礼、橋本淳、安井かずみ、山上路夫、加瀬邦彦、村井邦彦などフリー作家の新規参入が可能となり、また、洋楽部門は楽曲を作るという新たな機能を備えることになった。ナベプロも自ら原盤を制作し、自社で権利を管理して、それをレコード会社に売り付けるという体制の転換を図った。稚拙と思われていたグループ・サウンズが現実に流行していたことは、これらの強気な業界再編の追い風となった。

以上のように、イギリス発のビートルズは、アイドルとして受容されることでグループ・サウンズを出現させ、ロック・バンドやエレキ・サウンドの定着、業界再編といった変化を導いていった。グループ・サウンズは、同時期にアメリカで起こっていたブリティッシュ・インヴェイジョンの日本版とでもいうべき現象だったのである。ビートルズの衝撃を受け止め、変化を導いたのは、エレキギターで歌う少年たちであり、彼らに夢中になる少女たちだった。一九六〇年代後半の日本社会における「西洋の衝撃」は、「女・子ども」という回路を通じて独自の「未熟さ」を魅力にした音楽を生み出したのである。(注4)

では、ビートルズがもたらしたグループ・サウンズという日本のロックは、どのような特徴をもつ音楽だったのか。次節ではタイガースの「未熟さ」の世界がいかなる知識や技術、人脈の流用に基づいて創作されていったのか、その作り手たちを中心にして考察する。

2　王子さまを作る

2・1　すぎやまこういち

タイガースの音楽的な方向性を決定した張本人は、すぎやまこういちだった。瞳は、すぎやまの影響力について、このように指摘している。

その時はもう「おとなの漫画」という、はかま満緒とか青島幸男が脚本書いてた、クレイジー・キャッツが毎日やってた番組のディレクターだったからね、彼は。それでコマーシャルは隠れて一杯書いてたわけ。何千曲って書いてるわけですよ。それがやっぱり大きいよね。で、そこと渡辺プロがくっついたことが、全てを規定してしまった。

すぎやまは、フジテレビのディレクターとして、一九五九年の開局以来、「ザ・ヒットパレード」や「おとなの漫画」などの番組の演出を手掛けてきた。当然、テレビ向けのショウ・アップの手法は熟知している。しかも、音楽番組では自らジャズ・アレンジを担当し、また、会社に隠れてCM音楽を作曲してもいた。一九六五年四月にフジテレビを退社して作曲活動に専念するようになったころ、彼は瞳らと出会い、タイガースの「全てを規定して」いった。

すぎやまが、グループ・サウンズの作曲を手掛けるようになったのは、ビートルズがきっかけだった。アメリカではなくイギリスの音楽だったことが、彼がビートルズにのめり込んだ理由だった。瞳は、すぎやまが「ポップスで言えば、英米だったら英国派なんだよ」、「ビートルズに心酔しちゃってね」と、当時の様子を語る。橋本淳もまた、「これまではアメリカの流行歌を日本語でカバーして歌っていたのに、「もうアメリカはやめだ!これからはイギリスのロックだ!」と言い出したんです」（橋本 2011: 74）と振り返る。基底にあったのは、明確な反アメリカ主義だった。

すぎやまがビートルズに心酔した理由は、このバンドがアメリカ的でないのと同時に、クラシック音楽的であると感じられたからでもあった。すぎやまは《イエスタデイ》や《ミッシェル》と出会ったときの興奮について、「それまでのアメリカのロックミュージックとちがって、ビートルズの音楽はハーモニー進行が完全にクラシック系だったから。それがポップスになっているもんだから、「これだ!」とピンときてね」（すぎやま 2016: 18）と回想している。彼は、美しいバス進行の代表例として《イエスタデイ》をあげているし（すぎやま 2006: 118-119）、一九七一年にはビートルズの弦楽四重奏を編曲した。(注5)

一九三一年生まれのすぎやまは、幼少期からクラシック音楽に親しみ、中高生のときにはオーケストラに夢中になって、レコードを聴き込んだ。だが、当時の蓄音機の性能では、コントラバスがまったく聴こえなかった。なんとか楽曲全体を聴きたかったすぎやまは、ベートーヴェンの《田園》のスコアを入手し、音符を見ながらレコードをかけ、コントラバスのパートを一緒に歌うという方法を発見した。三年間こうして聴き込むことにより、彼は「いつのまにかベートーヴェンのバスの進行が完全に身についてしまった」(すぎやま 2006: 128-129) と豪語する。

中学校時代に受けた軍事教練は、すぎやまの聴覚を研ぎ澄ませるのに役立った。彼の通う千葉第一中学校は、戦闘機の機種の音を聴き分けることで敵か味方を把握する聴覚教育に特に力を入れていた。この訓練に彼はいつも好成績を上げていたので、戦時教育が図らずも「ソルフェージュ」の機会となった。

クラシック音楽への志向と聴音の力が、ビートルズを感受し、ロックを作曲するときの基礎になった。彼は、作曲するときに「頭のなかにふっと湧いてくる音楽は、僕の場合オーケストラ音楽なんです。それはドラゴンクエストでもポップスのときも共通です」(すぎやま 2016: 71-72) という。また、「GSだニューロックだと言っても、楽譜に書いて並べてみると、ほとんど違いはないのです。音楽的構造は同じです」(稲増 2017: 61) とも主張する。

オーケストレーションや和声を重視するすぎやまには、タイガースのコーラスの実力は魅力的だった。「すぎやまさん、すぐ惚れ込んだね。我々の音域の広さっていうか、コーラスの綺麗さ。高音で通る、低音でも通る。そして真ん中でしっかり沢田が歌ってる」と瞳は述べる。すぎやまにとって、タイガースは自身の音楽的理想を実現できるグループだったのである。

しかしながら、そもそもロックといえば、エレキ・サウンドに魅力が見出されていたはずである。少年たちはフェンダー・ストラトキャスターやギブソン・レスポール(注6)の音に痺れ、海外ミュージシャンのギター・テクニックを盗み、ファズを効かせ、アドリブに熱中していた。また、機能和声では説明できないブルーノート、リフとビートから生まれるグルーヴ感もロックの新しさだった。これらは、ロックがクラシック音楽から離れることで生まれたものだ。

だが、すぎやまは、ビートルズやローリング・ストーンズが「何から出発しているかというと、結局は、クラシック音楽の伝統ということなのだ」（すぎやま 2006: 236-237）と述べ、ロックをクラシックの歴史の中に位置付けた。瞳は、すぎやまの楽曲は「だいたいがクラシックの曲を念頭に置いて、僕らの曲で言えばね、《落葉の物語》なんていうのはね、頭はクラシックですよ」、「僕らのデビュー曲も彼いわく、ビートルズの変形だと思って作ったわけだけど、僕らが聞いたら歌謡曲なんだよね」と、戸惑いがあったことを明かしている。

2・2　橋本淳

すぎやまは、作詞のパートナーとして「秘書」の橋本淳を選んだ。橋本は、「与田ちん、歌詞を書け」とすぎやまから指示され、「ザ・ヒットパレード」に出演するブルー・コメッツの楽曲に詞を書くことになった（橋本 2011: 74）。ここから生まれた一九六六年七月の《青い瞳》は五〇万枚を売り上げ、翌年の《ブルー・シャトウ》はさらなる大ヒットを飛ばし一五〇万枚を売り上げた。これらの商業的成功を経て、橋本は同じ時期にデビューに向けて準備していたタイガースの楽曲の作詞を担うようになった。

グループ・サウンズの楽曲を言葉の側面から特徴付ける橋本淳のファンタジックな歌詞は、どこからやってきたのだろうか。その由来は、大正時代に流行した雑誌『赤い鳥』をはじめとする童謡や童話にあったといえる。

橋本淳の本名は、与田準介という。彼の父は、童謡《スワンのつばさ》や童話『まりーちゃんのくりすます』の翻訳などで知られる童謡・童話作家の与田準一だった。一九〇五年に生まれた準一は、小学校の代用教員を経て、鈴木三重吉や北原白秋らによる『赤い鳥』の愛読者となった。準一は、北原を師父と仰ぎ、北原家の家庭教師を務め、童謡・童話の創作、編集、評論で頭角を現した。藤田圭雄は、準一について「もし芸能界のように、白秋の名跡を継ぐ者は誰か、ということになれば、二代目白秋として万人が推すのはやはり与田準一だろう」（藤田 1967: 273）と評し、白秋の後継者との位置付けを準一に与えている。

息子の準介の作詞家としての感性は、この父から与えられた教育や人脈によって形成されていった側面が大きかった。準一は、北原と同じように、幼児の言葉を観察し記録していた。幼児は自然な現れとして無意識のままに歌い、叫ぶ。その野生の歌声は、人類のもっとも原初的な詩であり、詩の源泉であると考えたからである。(注7) そこで、準一は、幼児期の準介の言葉を長期にわたってつぶさに記録し、『幼児の言葉』という一冊の書物にまとめあげた（与田 1943）。準介が発する言葉は、生まれたときから父によって入念に観察されていたのであり、準介の日常的な教育や読書、言語感覚に、父の影響が濃厚に作用していたことは想像に難くない。

また、人脈という点においても、父の影響は大きかった。準介は、父親のおかげで、檀一雄や梅崎春生のもとで文章修行に励み、キング・レコードに入社することもできた（橋本 2002, 2011）。大学三年の準介が初めてすぎやまと対面した際も、「どうして先生が僕に歌詞を頼んだのかというと、僕の家庭の話をしたときに父親が童話作家だと言ったら先生も知っていて、それで歌詞が書けると思ったようで」（すぎやま 2016: 17）と、作詞家としてのキャリアのスタートに父親の存在があったことを語っている。(注8) 西洋風の歌詞世界は、すぎやまのクラシック志向とも相性が良かった。タイガースの作詞を手掛けるときも、「タイガースにはちょっとファンタスティックな感じを受けました。ディズニーのキャラクターが棒をひと振りすると星がパッと流れ出す。そんな夢を振りまく音楽を作りたいと思いましたね」（橋本 2002: 155）と彼は証言している。

多忙なすぎやまに振り回されるように作詞していた橋本は、着替えを持ち歩き、車の移動中に詞を書くような慌ただしい毎日を送っていた。落ち着いて思索する時間がない橋本にとって、幼少期から親しんだ児童文学の知識のストックは、陰に陽に作詞のインスピレーションの源泉となったことだろう。たしかに《星のプリンス》の歌詞は『星の王子さま』を連想させるし、この童話が準一の師である北原の中学時代の同級生・内藤濯の翻訳で世に出されていたことは偶然の結び付きではあるまい。

瞳もまた、次のように指摘する。

> 《スワンの涙》って、彼、作ってるけども、お父さんのをそのまま持ってきてるわけだよ。だからああいうようなものは、親父のから来てるんだよ。だからすごく童話的な、メルヘンチックな部分は。だからオックスがそうでしょ。僕らではやっぱり《僕のマリー》がそうだし。ちょっとね、少女的な、メルヘンチックな、そういうところからきてる。

このようにタイガースやグループ・サウンズの歌詞世界は、童話的なファンタジーを意識したものだった。それは、父である与田準一、あるいは大正期以来の児童文学の遺産の一部を引き継いだものだったのである。

図1　与田準一『幼児の言葉』
（出所：与田 1943）

図2　与田準一と与田準介
（出所：与田 2005: 169）

2・3　川添梶子・コシノジュンコ

ロカビリー、パンク、メタル、ヴィジュアル系などが服装や髪型によって特徴付けられるように、ファッションは、楽曲や歌詞と並んでロックの重要要素である。それどころか、井上貴子が、「外見的な形からロックに入ることも、たとえそれがきっかけにすぎないとしても、十分に異文化受容でありえるし、さらに土着化していく可能性をもっているはずである」（井上 2009: 37）と指摘するように、ファッションは、異文化の受容とローカル化の様相が端的に具現化される要素でもある。(注9)

グループ・サウンズは、ファッションにおいても特徴的な音楽だった。

当初、タイガースの衣装は、(注10)会社から特別なものが用意されることはなかった。デビュー曲《僕のマリー》の衣装は、アマチュア時代から着ていた初期ビートルズのコスチュームにも似たベージュのスーツだった。当時の様子を瞳は、「本当に売れるかなんてもう疑心暗鬼だった。だから最初の曲なんかは、あのジャケットは、僕らがエレキ・コンクールで優勝した時のユニフォームで」と、ナベプロがことさら工夫を凝らしはしなかったことを証言する。

しかし、クラシック風で童話的な音楽に合わせるべく、デビューから半年後の《モナリザの微笑》のジャケットでは、中世の騎士や貴公子風のユニフォームを着るようになった。舟木一夫流の学生服路線とは異なる斬新な衣装は、タイガースの、ひいてはグループ・サウンズの定番となっていく。このときのデザイナーが川添梶子だった。

川添は、一九六〇年、夫とともに東京・六本木のはずれでヨーロッパのサロン風レストラン・キャンティを開店した。キャンティは、ナベプロの渡辺美佐をはじめ三島由紀夫、フランク・シナトラ（Sinatra, Frank）、イヴ・サン＝ローラン（Saint-Laurent, Yves）など国内外の文化人や業界人が集まる社交場だった。その一階にはベビー・ドールというブティックが併設され、川添は、ヨーロッパの匂いのするこの店で、竹山公士とともにタイガースのユニフォームをデザインしたのである。

川添によれば、《モナリザの微笑》の演奏時のユニフォームは、ファンから公募した約四万件のデザイン案を元に手直しを加えたものだった。「これから歌い込んでゆく歌の内容」に合わせて、黒のヴェルヴェットのミリタリー・ルック、ハイネックの襟元に鎖の首飾り、鋲を打ったベルト、真っ白のエラスティックのスキー・ズボンが作製された。タイガースのメンバーはヒッピー・スタイルの衣装を希望していたものの、「タイガースのカラーには合わないので、ぜったいにやらせないようにしているんです」と斥けられた（川添 1967）。

《モナリザの微笑》から七か月後にリリースされた《銀河のロマンス》以降は、コシノジュンコがタイガースの衣装デザインを担当した。コシノは、一九六六年に自身のブティック・コレットを東京・青山に開店したばかりの駆け出しのデザイナーだったが、最初に舞い込んだ大きな仕事が、グループ・サウンズの衣装だった。

コシノは、背広のような男性服ではなく、男女の区別のないユニセックスのデザインを得意としていた。「ずっとゲイバーで遊んでいたから、ユニセックスは私の一番得意とするところだったんです。男ものを作ってるなんて意識しなかった。タイガースのジュリーは睫が長くてほんとにきれいで、またそういう服がよく似合ったんですよ」（島﨑 2015: 63）と取材に応えて語る。コシノは東京・新宿二丁目のキーヨ、ナジャ、アイラらといったバー[注11]に通い、金子國義、高橋睦郎、四谷シモンらとの交流を深めていた。彼女がデザインを手掛けたなかでも、特に「ジュリー（沢田研二）とか、ユニセックスがぴったりの人だった」という（コシノ 1999: 71-72）。

また、ユニセックスへのこだわりという点では、同じく新宿にあった美術学校セツ・モードセミナーの創設者である長沢節との関係も無視できない。コシノは、デザイン会社アド・センターが毎週開催する企画会議において、長沢とファッションについて意見を交わしていた。長沢といえば、一九六七年に「モノ・セックス・ショウ」を開催し、「男らしさ」を変えようとし、弱い男性美を追求した第一人者だった。タイガース解散後の沢田の印象的な衣装デザインを担当した早川タケジが、セツ・モードセミナーの出身者で、長沢の秘蔵の弟子だったことは必然的な符合である。[注12]

タイガースの衣装は、自前のスーツから王子さま路線へ、さらにユニセックスへと変化してきた。やがて、加橋が衣装デザインを担うようになりモノトーン基調に変化、さらに、加橋が脱退し解散が近づくにつれ、ユニフォームで統一されるのを拒否するようになり、王子さま路線からは離脱していった。

以上のように、タイガースの音楽は、ビートルズの衝撃がまずはクラシック音楽という枠組みを通じて受け入れられ、そこに童話のような歌詞世界と、王子さま風やユニセックスな衣装が重ね合わされ、調和したことが基本的な骨格になっている。これらの要素のルーツとなったのは、すぎやまによる軍事教練の経験やクラシック音楽志向、橋本による児童文学の知識や父の交友関係、川添やコシノの六本木や新宿二丁目のネットワークに由来するヨーロッパやゲイ文化のテイストだった。ロック・バンドという異質で刺激的な音楽は、手持ちの知識、技術、人脈が流用されることで、「未熟さ」の意匠が凝らされ、日本社会の中に土着化していったのである。

3 「女・子ども」のロック

3・1 マージー・ビートで唄わせて

グループ・サウンズを熱狂的に迎え入れたのは、中高生の少女たちだった。ロック・バンドは、雑誌『マーガレット』や『明星』などの表紙、グラビア、特集を飾るようになり、従来のロック批評の中心だった音楽雑誌の外部へと流れ出ていくこととなった。PTAによるジャズ喫茶出入り禁止運動やオックスの失神騒動など、「ヤング」と呼ばれた少女たちの熱気と陶酔は凄まじいものがあった。三保敬太郎は、「これまでにもいろんな人気スターや歌手は数かぎりなく出現し、女性をシビレさせてきた。だが、昨今のタイガースほど強烈に、しかも数多くの女性を魅了した歌手はなかったのではあるまいか。最近、宝塚ファンが急速に減少した。宝塚の人気スターが次つぎに舞台を去ってゆく一因にはタイガースの存在があるのではないか――とぼくは推測する」（三保1968:

96）と評した。
しかし、タイガースをスカウトしたナベプロ上層部は、はじめから少女たちが主要なファンになると確信していたわけではなかった。瞳は、「最初はわかってない。なにもわかってない。だから、それを売り込んだのは、内田裕也であり、かつ、それを認めた渡辺プロのマネージャーとか、あるいは制作部長」、「マーケティングなんかやってない。もう勘」と、実情を明かす。

彼らがジャズ喫茶を中心に活動していたころ、主な客層は二〇歳前後だった。それが、レコード・デビュー後には一挙に低年齢化し、ティーンの少女に取って代わった（沢田・玉村 1986: 97）。タイガースのファンたちは連日、メンバーの住むアパートに押しかけては生活を監視し、食事や入浴さえも覗き込むありさまだった。あまりの混乱ぶりにアパート近くの四谷警察署の警官が大量動員されたものの、静かな生活のための転居を余儀なくされた（瞳 2011: 62-65）。

デビューした一九六七年の暮れには、こうした少女たちの熱狂が、明治製菓の目に留まり、タイガースのCM出演が決定した。翌年四月にはチョコレートの包み紙との引き換えで漏れなくレコード・シートやポスターなどの景品がもらえるという企画もスタートした。その中の「ザ・タイガース・レコード・シート」全五枚のA面の内容は、各メンバーとヴァーチャル・デートできるというもので、ファンの自室（沢田）、電話（瞳）、ドライブ（岸部）、喫茶店（加橋）、相合傘（森本）という密室空間で、「君だけに」話しかけてくるという設定になっている。

これ以降、明治製菓はタイガースをマスコットにしたグッズを次々に発表していった。明治製菓に続いて、森永はテンプターズ、グリコはワイルド・ワンズを起用し、菓子メーカー各社はグループ・サウンズを用いた少女向け商法を展開した。瞳は「明治チョコレート買う人だれ？ 少女でしょ。そこで大商いをしたわけですよ。そういうものがみんな、がーっと集まった。その頂点にタイガースが祀り上げられた」と振り返る。ビートルズ来日から一年半後、日本のロックは、アルコールでもマリファナでもなく、チョコレート風味になったのである。

明治製菓のキャンペーンが始まったのとちょうど同じ時期、『明星』は、タイガースの新曲の歌詞を懸賞付きで読者から募集していた。歌詞の応募には本誌に印刷された応募券を貼る必要があったが、応募総数は一三万編を超えた。当選したのは、北海道・八雲に住む菅原房子という一九歳の学生だった。タイガースの代表曲となる《花の首飾り》は、彼女の原案になかにし礼が補作することで生まれた（注13）。

瞳はこの原作者を直接取材し、次の事実を明らかにしている。彼女は、それまでタイガースのことをあまり認識していなかったが、ファンの友達に誘われて応募した。応募の目的は懸賞金五万円だったが、当選すると毎日一〇通くらいの嫌がらせの手紙が届くようになってしまった。もともと国語が大嫌いで、作詞の経験もなかったが、当時、花を摘んで首飾りを作ることが流行っていたので「花の首飾り」を着想し、そこからただちにチャイコフスキーの《白鳥の湖》を連想した。原案となる長大な物語を作り送ったところ入選、なかにしが歌詞へとまとめあげた（瞳 2013b: 123-131）。菅原は、熱心なファンというわけでもなかったにもかかわらず、定番のパターンを反復することで、

図3　明治製菓による各種のレコード・シート。
裏面には「チョコレートは明治」のロゴがある（筆者所蔵）

「タイガース・ファンらしさ」を演じていたのである。

《白鳥の湖》のようなクラシック音楽的な、童話的な、あるいは王子さま的な「未熟さ」の世界は、ナベプロの基本路線を踏襲するものであり、もはや様式美ともいえる「お約束」であった。ファンたちは、安っぽいワンパターン、不良で低俗、無批判的な商業主義などとの蔑みを承知のうえで、過剰なまでの少女趣味に徹底的に耽溺してみせた。瞳は、そのようなファンからの崇拝について「それは僕はね、会社が作り出してるものだと思って、自分たちで作り出してるとは思ってなかったよね」と述べる。だが、「舞台に上がりゃ舞台だから、嫌な顔してやってるわけじゃないからね」と、意識的に虚構を演じていたとも語る。タイガースは、プロダクションの要求とファンの幻想の間に浮かび上がる「お約束」のキャラクターを上演していたのである。

しかし、グループ・サウンズの熱狂と濫造、パターン化は、流行の寿命を短くもした。世界でのロックは、一九六九年八月のウッドストック・フェスティヴァルのように、その興奮が頂点に達していたが、同時期、日本のグループ・サウンズと少女たちとの間にはすでに秋風が立っていた。瞳は、「もう使い捨てみたいなものだったわけです。だからあのとき、本当にもう少し聡明な人がいれば、ローリング・ストーンズが現在も活躍しているようにできたんだよ」、「それを今度は守ったり、もっとそれをよくしておこうというようなものには投資しなかったし、みんないっせいに引いて次のところにいったわけだ。それは情けないよね」と苦々しく語り、流行と熱狂に発展の見通しがなかったことを指摘する。

3・2 「茶の間」と体制化

タイガースをはじめとするグループ・サウンズは、少女の熱狂を招いて終わったわけではなく、テレビを通じてより広範な視聴者に受容されるようになっていった。《ブルー・シャトウ》の有名な替え歌「森トンカツ泉ニンニク」の存在は、グループ・サウンズが、子どもの生活にも根付いていたことの証左である。長い髪をしたマルクス・ボーイにせよ、アロハ・シャツの太陽族にせよ、軽佻浮薄と批判された男性の流行スタイルは前時代にもあったが、グループ・サウンズが特異だったのは、「茶の間」へと入り込んでいく速さだった。

たとえば、ヴァラエティー番組「シャボン玉ホリデー」は、グループ・サウンズの「茶の間」への浸透を促したテレビ番組の一つである。「シャボン玉ホリデー」は、毎週日曜日の夜に放送され、ナベプロの二枚看板であるザ・ピーナッツの歌と、ハナ肇とクレイジー・キャッツのコントを中心に構成されていた。タイガースもまた、デビュー直後の一九六七年三月五日にゲストでこの番組に登場し、以降、頻繁に出演した。一九六二年生まれのナンシー関は、五、六歳頃の自身の記憶を、次のように活写する。

「シャボン玉——」は毎週必ず見る番組のひとつであり、その日はザ・タイガースが出ていた。歌が始まり、ジュリーのアップが長く続いた時、母がその画面を指さし「ホラ、直美ちゃん(私の本名)の好きなジュリーが歌ってるよ」と、茶化すように言ったのである。途端に私は怒り出し、しまいには悔し泣きする始末。私はこれ以外にジュリーやザ・タイガースに対して特別な思い入れを抱いていたという記憶はないのであるが、この一件だけ何故か鮮かに憶えているので「私が最初に好きになったアイドルはジュリーである」ことに確信があるのである。

(軍司 1995: 400-401)

タイガースは、「ヤング」の少女のみならず、テレビを通じて子どもの生活圏でも受容されていた。歌や踊りに加えて笑いも求められ、自らも扮装してはコントをこなし、植木等の「お呼びでない」などの定番ギャグに花を添えていた。「シャボン玉ホリデー」では、タイガースのほかにも、スパイダース、ジャガーズ、テンプターズ、モップス、ワイルド・ワンズも出演した。(注14) いまだ識者からの批判が消えたわけではなかったが、グループ・サウンズは次第に日常に溶け込み、陳腐化していった。なかでも、堺正章は、スパイダース最後のシングル《エレクトリックおばあちゃん》のジャケットに「茶の間のアイドル、マチャアキ」と記載される人気ぶりだった。解散後のグループ・サウンズには、司会業をこなした井上順や岸部四郎、歌のお兄さんになった鳥塚しげきなどのように「茶の間」に根を下ろした人材が少なくない。

グループ・サウンズが日常化し毒抜きされていったことは、与党保守系政治家がこれを私的に受け入れていたことからもわかる。渡辺晋は、一九六三年、自らが中心となり音楽業界の地位向上を目指した「日本音楽事業者協会」を結成し、その会長に佐藤派の中曽根康弘を置いた。先述した芸能プロダクションによる原盤制作という強気な業界再編も、政治家や団体組織と無関係ではなかった。ナベプロは、佐藤栄作や中曽根の接待にタイガースを利用し、「僕らは客寄せパンダみたいなもんだよね。だから自分たちで「こういうタレントに同席させてますよ、テレビでご覧になってるこういう連中ですよ」って」アピールした。瞳はその時の印象について、「僕らは本当にまあ、芸者みたいなかたちでさ、なんか嫌な感じはしたね」と不快感をにじませる。ビートルズの来日時には、保守系政治家の正力松太郎は猛反発したが、テレビでお馴染みのタイガースは、「客寄せパンダ」として体制へと取り込まれた。

ライヴ・バンドとしてスタートし、ヒッピー文化や反戦運動に無関心ではいられなかった彼らは、会社の押し付けに疲弊していた。制約の多い状況のなかで、タイガースのアーティスト志向性を一定程度実現することができたのは、一九六八年一一月のアルバム「ヒューマン・ルネッサンス」だった。このアルバムは、その後の加橋の脱退、グループ・サウンズ・ブームの終わり、一九七一年一月の解散に至る前の最後の頂点となった。このアルバムでは、沖縄やベトナムといった政治的主題や反戦思想を織り込んだ。また、《青い鳥》のような既定路線の楽曲も、森本が作詞・作曲することで矜持を示した。この曲について瞳は、「稚拙ではあるかもしれないけれども、楽曲は提供できるんだっていうところで、僕はタローはよく書いたなと思ってますけどね。路線は路線だけど」、「プロの連中からみれば儲かる話が儲からなくなるから、面白くないよね」と評している。

心ならずもアイドルにされた瞳は、「僕ら自身は体制から結構、虐げられてきましたからね。「未熟」というよりも虐げられてきたんでね」と語り、次のように力を込める。


僕らはずっと、なんか日陰の子のように座ってる気がします。でも、日陰の子であるがゆえに、生命力が強いんですね。日が当たらないから、弱いからっていうことじゃなくて、常に何か抑圧されるものがあるから、その抑圧に対して、それを跳ね返そうという思いが常にある。だから、それがある以上は、我々の魂っていうのはずっと不滅なんですよね。それがなくなった時

図４　「シャボン玉ホリデー」に出演する沢田研二・岸部修三（出所：五歩一 1995: 54）

にはやはり、体制に巻き込まれて、生命力のない存在になってしまうんじゃないかなと思います。

タイガースは、「茶の間」の人気者として体制へと巻き込まれていったが、それは「日陰の子」になることでもあった。しかし、だからこそ、不本意な抑圧を跳ね返そうという思いを持ち続けることになったという。

世界を駆け抜けたビートルズは、大きな衝撃となって日本社会に到来した。日本社会は、「女・子ども」という緩衝装置をもって、ビートルズの衝撃を受け入れた。その中で生まれたのが、日本のローカルなロックともいうべきグループ・サウンズだった。

グループ・サウンズのトップ・ランナーとなったタイガースの音楽的骨格は、クラシック音楽、大正期以来の児童文学、ヨーロッパやゲイ文化のテイストに由来する王子さまスタイルといった手持ちの知識やネットワークを流用することで生み出された。既存の文化資本や社会関係資本が、外来の刺激の受容と新しい音楽の生産に向けて動員されたのである。

グループ・サウンズは、少女たちを狂喜させたが、ほどなくして陳腐化し、当初の熱気は忘れ去られていった。その忘却は、一面では大衆文化の一過性の流行が終わっただけに過ぎないとも言えるが、他面では業界再編の安定化、エレキ・サウンドの日常化、ロック・ミュージシャンのお茶の間化を意味してもいる。ビートルズの衝撃に対して、日本社会はグループ・サウンズという少女趣味を選択し、それを経由することで、ロックを変形させながら受け入れ可能なものにしていったのである。

グループ・サウンズがイギリスを発信源とする洋楽受容の帰結だったことは、日本のポピュラー音楽の歴史の中でも特異的な事例の一つである。多くの日本のポピュラー音楽にとって、絶対的な他者はいつも「アメリカ」だったからだ。アメリカ発の表現スタイル、テクノロジー、流通の基盤が、日本のポピュラー音楽にも革新をもたらしてきたのである。こうした革新は、黒船に乗った軍楽隊、ルーサー・ホワイティング・メーソン（Mason, Luther Whiting）がもたらした唱歌教育、ハリウッド映画や浅草オペラなどにまで遡れるだろう。これに対して、ビートルズに触発された若い世代は、旧式のアメリカ的なものを乗り越えようと「維新」を先導した。

グループ・サウンズ・ブームの要となったすぎやまもまた、アメリカからの脱却を企図していた。だが、それは体制化と紙一重だった。彼の反アメリカ主義は、業界再編やローカルなロックの誕生を促したが、王子さまスタイルやお茶の間を介することでロックを無害なものに変えた。グループ・サウンズは、すぎやまの好む愛国的な保守主義へと転用可能でもあったのである。結果的に、タイガースのメンバーたちは「日陰の子」として抑圧されていった。

だが、「日陰の子」となった沢田は、後年、九条護持や脱原発などの政治姿勢を鮮明にしていった。瞳は沢田を「無冠の帝王」と評し、「ロックの歌手で人間国宝なんて一人もいませんよね。でもそれはロックの誇りですよね」と語る。瞳自身も、抑圧を跳ね返すようにタイガース解散後の四〇年間、一切を封印して沈黙を守ってきた。その間、瞳は、慶應義塾大学で中国文学を学び、日本と中国を往復しながら杜甫の研究、中国語教育、さらには明治期唱歌の研究・翻訳に従事してきた。そして、文化大革命で生まれた空白を埋めるべく、ロックのスタンダードを中国語に翻訳する活動に精力を注いでいる。そこに貫かれているのは、アジアを視野に入れ、体制の外側で異文化体験を繰り返すロック・ミュージシャンの誇りであるように思われる。

謝辞

インタヴューをご快諾いただき、特別なお話をご提供くださった瞳みのる氏に、心より感謝申し上げる。

本研究はＪＳＰＳ科研費１８Ｋ１３１２６の助成を受けた。

注

（1）タイガースの評伝としては磯前（2013）が参考になる。また、洋楽受容史の一側面としてグループ・サウンズを論じた考察には南田（2019）がある。
（2）二〇一七年六月一八日、歌手の稲村なおこ氏の紹介で筆者は瞳氏との面識を得た。インタヴューは、二〇一九年一一月二一日に上野精養軒にて行った。録音と活字起こしデータは筆者が所蔵している。なお、本稿は筆者が「「未熟さ」の系譜」（周東 2014）と名付けている研究課題の一部を成すものであり、瞳氏にはその旨を説明したうえで話を伺った。
（3）拙稿（周東 2016）では、一九六〇年代の文化冷戦におけるメディアの再編とジャニーズの関係について考察している。
（4）ただし、グループ・サウンズの中には、横浜・本牧を拠点に活動したゴールデン・カップスのように、アイドル路線を拒否していたバンドもあった。ゴールデン・カップスについては、『ザ・ゴールデン・カップス　ワンモアタイム』（San Ma Meng 2004）、および同名のドキュメンタリー映画に詳しい。
（5）ビートルズの楽曲の音楽学的な分析については、Mellers（1984）を参照。
（6）たとえば加橋かつみは、ギブソンの「赤いギター」の魔力に惹かれ、どれほど苦労して手に入れたかについて回顧している（加橋 1976: 58-60）。
（7）北原による幼児の言葉の記録に関するメディア論的な考察については拙著（周東 2015: 82-90）を参照。
（8）タイガースがデビューした一九六七年は、『与田準一全集』が大日本図書より刊行され、サンケイ児童出版文化賞大賞を受賞して話題になった年でもあった。
（9）ファッション以外の重要な身体表現に振付がある。振付師の三浦亨は、振付自体はザ・ピーナッツのころから存在していたが、わかりやすい振付で視聴者の印象に残る工夫がなされるようになったのはタイガース《シーサイド・バウンド》やピンキーとキラーズ《恋の季節》からだと指摘している。振付は一九七〇年代以降のアイドルでは不可欠な要素になるが、天地真理の《恋する夏の日》の振付は《君だけに愛を》における沢田の指差しのアクションをアレンジして生まれたものだった（ＴＢＳ系列「マツコの知らない世界」、二〇一五年一月二七日放送）。
（10）タイガースのユニフォームの変遷に関しては、磯前・柿田（2015）が整理している。

（11）アイララは、内田や沢田が頻繁に通った店でもあった。一九七九年の沢田主演の映画「太陽を盗んだ男」は、この店に触発され制作された（アイララ&泉美 2018: 253-255）。

（12）早川に沢田の衣装を担当させたのは、加瀬邦彦だった（沢田・玉村 1986: 196-202）。なお、沢田による一九七〇年代における性の撹乱性という点で見逃せないのは、耽美的な少年愛を描いた少女漫画との結び付きである。雑誌『JUNE』は一九七八年一〇月の創刊号から沢田に注目していたし、『ALLAN』は沢田主演の一九七五年のテレビ・ドラマ「悪魔のようなあいつ」の監督・久世光彦にインタヴューしている。久世によれば沢田は「本当は女であってたまたま男の役をやっている」かのように思える「男装の麗人」ともいうべき存在で、「沢田以上に色っぽい女優がいない」という（久世 1982）。さらに、栗本薫／中島梓は、この「悪魔のようなあいつ」と沢田をモデルにした「今西良シリーズ」を着想し、グループ・サウンズ以来のパロディーに次ぐパロディーを創作していった（石田 2008: 189-199）。

（13）《花の首飾り》以降、一般からの歌詞募集とプロの補作による楽曲として、《白夜の騎士》や《夢のファンタジア》が作られた。

（14）グループ・サウンズの特集としては、一九六七年八月二七日放送の「グループ・サウンド　ピーナッツ」を皮切りに、「続・グループサウンドだ　ピーナッツ」、「続々グループサウンドだよ　ピーナッツ」、「タイガース万才　ピーナッツ」が放送された（五歩一 1995: 273-285）。

第5章　ラップ・ミュージックにおけるローカリティの意味

木本玲一

いつも言うけどさ
ファミリーだ仲間　俺の言葉
創造してアート　ビート　俺の言葉
ヒップホップでカルチャー
意味ないけどさ　居場所は熊谷
俺が決めたあの朝方
舐達麻《GOOD DAY》

はじめに

音楽は国境を越えると言われて久しい。かつては移民やレコードが、近年ではソーシャルメディアやサブスクリプション・サービスが、国境を越える音楽を媒介してきた。翻って、音楽が特定の場所に根ざすことは珍しくない。特にラップ・ミュージックにはその傾向が強い。世界中の多くのラッパーたちは、出身地や自分が活動している場所を「リプリゼント」（表明、代表するということ）している。地元を「リプリゼント」し、何らかのかたちで地元に貢献しようとすることは、ヒップホップ文化における作法でもある。

ここで一つの例を出そう。二〇一九年三月、米国・ロサンゼルス（以下、L.A.）でラッパーのニプシー・ハッスルが、自分の経営するアパレル・ショップの前で銃撃されて死亡した。ニプシーはグラミー賞にノミネートされるほどのラッパーでありつつ、地元であるクレンショー地区のコミュニティへの貢献を重視しており、ショップ経営もその一環であった。事件後には、地元の人々を中心に追悼式典がおこなわれ、著名人も足を運んだ（Kozakai 2019）。

ニプシーのように成功した後も地元を大切にするラッパーは少なくない。しかしそもそも世界中で聴かれているようなラッパーが、なぜ地元に、それも決して治安や経済状態のよくない地元にこだわるのだろうか。この問いは本章の問題関心とも関わる。本章で考えたいのは、グローバル化が進行するなかで、ラップのローカリティにはどのような意味があるのかということである(注1)。

ラップは、一九七〇年代初中期の米国・ニューヨークにおいて、ヒスパニック系や、アフリカ系アメリカ人などをはじめとするエスニック・マイノリティの若者たちによって生みだされたヒップホップ文化の音楽的側面である。ヒップホップ文化は、ラップ、ダンス、グラフィティ（エアロゾール・アート）の三要素から成るとされる。本章でも音楽としてのラップに言及する場合と、総体としてのヒップホップ文化に言及する場合とで、用語を使い分ける。

一九八〇年代以降、ラップ・ミュージックの商業化が進み、一九九〇年代以降では、ポピュラー音楽市場における確固たる地位を占めるに至った。さらに商業化と並行して、ラップは全米へ、日本を含めた世界各地へと広がっていった。現在では、世界各地でラップ実践をみることができる。

しかしながら、ヒップホップ文化ではグローバル化が進行しつつもローカルな場所が重要視される傾向が根強く残っている。先述したように、自分の出身地や活動場所を積極的に表明していく「リプリゼント」という考え方には、そうした傾向がよく表れている。

本章では、このようなラップの状況をローカリティという概念を軸に考察していく。以下ではまず、ローカリティを実体論的側面と認識論的側面との二つに分けて捉えるという視点を示す。次に、ラップの黎明期からグローバル化が進展するまでの状況を概観する。グローバル化については、特に日本の事例に注目する。これらを踏まえて、ラッパーが「リプリゼント」する意味を考察する。そのうえで「想像的連帯」という概念を提示し、グローバル化とローカリティの関係について議論を進めていく。

1 ローカリティの実体論的側面、認識論的側面

ポピュラー音楽におけるローカリティとはどのように捉えられるのだろうか。キース・ニーガス(Negus, Keith)は、「より厳密な術語を用い、ローカルなものを『定義』しようとするのではなく、特定の状況においてローカルなものにどのような意味が与えられているのかを問うこと」が有効であると述べる(Negus 1996: 183)。さらにニーガスは、「いかに音楽が特定の場所と結び付けられる

のかを理解するということは、ローカルという概念を採用したり、場所を無根拠に概念化したりすることと以上のものを含む」ものであるとしながら（ibid.184）、実際の地理的な「場所」（place）における諸条件と、文化的に構築されたもの（cultural construction）である「空間感覚」（sense of space）との関係性を注視すべきであると論じる（ibid.）。

ニーガスの議論においては、ローカリティが術語として明確に定義されているわけではない。しかし、「場所」と「空間感覚」の差異を重要視する姿勢は示唆的である。両者の差異を考えることによって、ローカリティを自明視する視座から距離を取りながら、実際にローカリティの現出する諸局面を問題にすることが可能になるからだ。

本章では、ニーガスの議論を援用するかたちで、実体論的、認識論的側面の双方からローカリティを捉えていきたい。本稿において、実体論的とはニーガスの言う「場所」に、認識論的とは「空間感覚」に、それぞれ対応している。前者は市場や文化実践の地域的特殊性などを、後者は「日本らしさ」等の空間的言説に象徴される実践者の感覚などを意味し、後述する想像的連帯とも関係する。実体論的、認識論的ローカリティは異なった次元のものであるが、多くの場合、互いに絡まり合っている。

以上の点を踏まえ、本稿ではローカリティを自明のものではなく、実体論的・認識論的に立ち現れるものであると捉える。そのうえで以下では、ローカリティが現出する様々な局面をみていく。議論を進めるなかで、ヒップホップ文化における「リプリゼント」という考え方にも注目していく。

2 合衆国におけるヒップホップ文化とローカリティ

前述のように、ヒップホップは一九七〇年代初中期のニューヨークの荒廃した都市部において生まれた。「ゲットー」とも呼ばれたヒップホップ誕生の地は、犯罪も多く、住民以外は立ち入るのをためらうような場所でもあった。

ヒップホップは、そうした地域の若者たちによって実践されていた。ユアン・フロレス（Flores, Juan）は初期のヒップホップ文化について、「人種というよりは、社会階層、地理、年齢、さらにあまり言及されないが、無論ジェンダー」によって特徴づけられる「ストリートの文化」であったことを指摘する（Flores 1994: 92）。つまり初期のヒップホップは、「ゲットー」というローカルな場所と強く結びついたコミュニティ文化であった。

当初、「ゲットー」は半ば自明化された実践の場所として理解されていた。「ゲットー」以外の地域では、ヒップホップ文化はほとんど知られてすらいなかったためである。だが、シュガーヒル・ギャングのような、必ずしも「ゲットー」に根ざさないラップ・アーティストが登場し、それらに対する「ゲットー」に根ざしたラッパーの反発が強まってからは、「ゲットー」はラップの真正性を保証する場所として本質化されるようになる。（Yasuda 2001、木本 2009: 1章）。「ゲットー」のラップは本物だが、それ以外は偽物だというような認識が、本質化の典型である。

そして一九八〇年代以降、ラップ・ミュージックの商業化が加速し、レコードや情報の流通と同期しながら、ヒップホップも「ゲットー」の外に広がっていく。一九八〇年代から、各地に専門レコード・レーベルが設立され、シュガーヒル・ギャングの《ラッパーズ・ディライト》（一九七九年）、ラン D.M.C. の《ウォーク・ディス・ウェイ》（一九八四年）のような楽曲がポピュラー音楽市場でヒットした。また『ソース』のような専門誌が刊行され、BETやMTVのようなケーブル・テレビ網が全米にヒップホップの情報を伝えた。

専門レーベルや諸メディアは、ヒップホップを流通させ、市場を形成するインフラといえるものである。結果、郊外に住む白人の若者など「ゲットー」と縁の薄い人々も、ロックに代わる新奇なポピュラー音楽として、ラップを消費するようになっていった（George 1998=2002: 5章）。

このようなヒップホップ市場、ヒップホップ文化圏の広がりは、ゲットーの「内」から「外」へという動きであり、実体論的ローカリティの拡大プロセスでもあった。その結果、一九九〇年代のヒップホップは、社会的にも大きな存在となった。ネルソン・ジョージ（George, Nelson）は次のように述べる。

（ヒップホップは）その発祥となったゲットーという貧民街から完全に抜け出し、レコードや映画へのあからさまな影響はもちろん、アメリカのファッション、雑誌出版、テレビ、言語、セクシュアリティ、社会政策などにも一過性の流行にとどまらない、決定的な影響を及ぼしている（George 1998=2002: 11）。

ジョージが指摘するように、一九九〇年代以降、ヒップホップは時代を代表するポピュラー文化となった。ラップの実体論的ローカリティは、多国籍音楽産業群やマスメディア、小売店などのネットワーク抜きには考えられないような、大規模かつ広範囲な次元を持つものになっていった。

それにともない、「ゲットー」の局所的な意味合いが少しずつ変化していった。一九八〇年代初期、ニューヨークの「ゲットー」は、ヒップホップの真正性を保証する「選ばれた」場所であった。しかし一九八〇年代後半には、より抽象度の高い「フッド（なわばり）」という言葉が登場し、「フッド」を「リプリゼント」、つまり代表・表明することに重要な意味が見出されるようになった（Forman 2000）。ニューヨークの一地域という含意の強い「ゲットー」が真正性を保証している限り、それ以外の地域の人々の実践は真正なものではなくなってしまう。だからこそ、ニューヨーク以外の地域の人々の実践の真正を保つために、抽象度を高めた「フッド」が登場したのだ。

たとえば一九八〇年代後期に結成されたL.Aのラップ・グループ、N.W.Aのメンバー、MCレンは「ヒップホップの地図」ではニューヨークの認知度が高いが、自分たちの活動場所であるL.Aのコンプトンは必ずしもそうした「地図」での認知度が高くないために、同地域を「しっかりした名前にしなくちゃならない」という意識を持っていたことを述べている（George 1998=2002: 280）。

MCレンの言葉が示すように、一九九〇年代には、ニューヨーク以外で活動する多くのアーティストが、自身の「フッド」を「リプリゼント」するようになった。「ゲットー」から「フッド」へ至るこうした変化は、合衆国の西海岸、南部などにおけるラップ実践の真正性を保証するために、ニューヨークの特権性を含意した「ゲットー」という言説が再解釈されていった事例として捉えられる。「ゲットー」出身であるかどうかではなく、「リプリゼント」出来る場所があるかどうかが重要になっていったのだ。(注2) こうした動きは、ヒップホップの認識論的ローカリティの変化であるといえる。

なお、現在でもニューヨークの「ゲットー」はヒップホップと強く結び付いている。たとえば、ブギー・ダウン・ブロンクスの異名を持つニューヨークのサウス・ブロンクスは、一九八〇年代、多くのラップ・アーティストを輩出したヒップホップと結び付きの強い地域であり、ラップの歌詞などにも度々登場してきた。同地域には現在でも「プロジェクト」と呼ばれる低所得者向けの公団住宅が立ち並び、一般的な旅行ガイドなどでは、治安が悪いため部外者は立ち入るべきではないと記されている。

二〇一〇年の夏に私がサウス・ブロンクスでおこなった調査では、地元出身のプエルトリコ系ラッパーであるビッグ・パニッシャーに敬意を表したエアロゾール・アートが確認できた。ビッグ・パニッシャーは二〇〇〇年に急逝しており、調査時で死後一〇年が経過していたにもかかわらず、地元では相変わらず人気が高いことをうかがわせた。

一般的な傾向として、合衆国ではエスニック・グループと地域の結び付きが強く、他のエスニック・グループが居住する地域に足を運ぶことは必ずしも多くない。たとえば調査時のサウス・ブロンクス地区は、ヒスパニック系住民が大半を占め、街中を走る車からはレゲトンが流れていた。白人、アジア系の人々を目にすることはほとんどなかった。サウス・ブロンクスのように低所得層が多く住む地域では、経済的に成功しない限り、その地域を出て行くことができない。後述するように、「ゲットー」の住民たちは、貧困によってその場所に囲い込まれているともいえるのだ。

またストリート・ギャングなどにとっては、縄張りを離れることは身の危険を意味するため、「出ていく」という選択肢すら存在しない場合がある。たとえばラッパーの2パックは、《トゥ・リブ・アンド・ダイ・イン L.A》という楽曲で、「そこで生き、死んでいく場所」としての地元、L.A を歌っている。

こうした「(出ていきたいが)、出ていけない」という性格は、実体論的ローカリティのネガティブな側面と考えられる。しかし後述するように、それは多くのラップ作品の創作の源泉となってもいる。

3　日本におけるラップの発展とローカリティ

一九八三年の映画、『ワイルド・スタイル』の日本公開は、日本でヒップホップ文化が注目されるきっかけとなった。一九八二年の合衆国映画である『ワイルド・スタイル』は、初期のヒップホップ文化に焦点をあてた合衆国のセミ・ドキュメンタリー作品で、多くのエアロゾール・アーティスト、ラッパー、DJ、ダンサーなどが実名で登場している。この作品の日本公開に際しては、同映画に参加していたDJやラッパー、ダンサーなどが三〇人以上来日し、彼らは新宿にあったライブハウスのツバキハウスや原宿にあった先鋭的なクラブのピテカントロプス・エレクトス、さらには都内デパートなどで映画のプロモーションを行った。

こうした動きに触発された一部の若者たちが、当時、竹の子族などが多く集まっていた原宿の歩行者天国でダンスやラップの実践を始めた。彼らは暴走族出身者などの「元々グレて」いた若者たちであり、ヒップホップの「不良臭さ」にこだわった実践を行っていた（ジャパニーズ・ヒップホップ・ヒストリー編集部編 1998: 1-5章）。そうした姿勢は、一九九〇年代以降も受け継がれた（同：8）。たとえば後述する「アンダーグラウンド・ヒップホップ」の実践者たちなどはその好例である。

また同時期、パンク／ニューウェーブ以降の「新しいサウンド」を求めていた人々にも、ヒップホップへの注目はなされた（後藤 1997: 23、小野島 1998: 196）。具体的には、近田春夫、藤原ヒロシ、いとうせいこう等があげられる。彼らは「当時のサブカルチャーの担い手」であり、歩行者天国での実践者がラップの「不良臭さ」にこだわったのに対して、もっぱら「新しいサウンド」としてのラップの先進性に注目していた（後藤 1997: 68）。

一九九〇年代に入ると、テレビ番組「たけしの元気が出るテレビ」（日本テレビ系）の〝ダンス甲子園〟のコーナーや、「DADA」（テレビ朝日系）などの番組の放送を契機として「ダンス・ブーム」が起こる（宝島社刊 2001: 187）。これらはアマチュアの若者にダンスの技術を競わせるという番組であり、そこではダンス用の楽曲としてラップが用いられることが少なくなかった。それまでは上述した東京近郊の実践者や、一部の音楽愛好家、流行に敏感な若者などを中心に認知されていたラップは、こうした番組を通して全国に放送された。

さらに一九九三年から一九九五年にかけてのJラップの流行を通して、ラップはメジャーなポピュラー音楽市場における商業的な成功を成し遂げた。ラップ・グループのイースト・エンド×ユリの《DA.YO.NE》や、ラップ・グループのスチャダラパーとポップス歌手の小沢健二が共作した《今夜はブギー・バック》などの作品――いずれも一九九四年にソニーなどのメジャー・レコード・レーベルから発表された――は、このJラップという名称で括られ、それらの作品は商業的にも成功した。

商業的成功をおさめ、紅白歌合戦などの場において一般的な知名度を広めたJラップの代表格であるイースト・エンド×ユリは、日本の若者の日常生活を取り上げた歌詞に象徴されるように「誰にでも無理なく入り込める」ものであると評された（印南 1995: 41）。彼らは、合衆国のラップと一定の差異を有した「東京の音」を志向することで、自らの実践の真正性を主張した（同：43）。

しかし同時にそうした実践は、過度にユーモアを強調し、「セル・アウトした（商業主義に身売りした）」ラップの悪しき典型であり、真正性を有していないという批判の対象となった。たとえばラップ・グループのランプ・アイは一九九六年に発表した楽曲、《証言》で「Jラップとの戦争」を宣言し、ラッパー、ECDは一九九五年に発表した楽曲、《マス対コア》において、自身が「アンチJラップ」であることを歌っている。彼らはまた、日比谷野外音楽堂で催された〝さんぴんキャンプ〟、クラブチッタ川崎で催された〝鬼だまり〟(いずれも一九九六年に開催)などの大規模なラップ・イベントで、Jラップとの差異を強調した。

イアン・コンドリー(Condry, Ian)は、こうした実践を「アンダーグラウンド・ヒップホップ」という言葉で捉えている。コンドリーによると、アンダーグラウンド・ヒップホップはJラップなどに象徴される「パーティ・ラップ」の対にあるものであり、その実践者たちは、主流社会に対して対抗的な立場にあることを表明しながら、自らをグローバルなヒップホップ共同体の一員と見做し、その実践の真正性を主張したという(Condry 1999: ch.3)。

一九九〇年代、日本の実践者たちは合衆国をラップの「本場」として強く意識し、それとの関係において、「真似」ではない自分たちのローカルな実践の有り様を模索していた(木本 2009: 2章)。

そのなかでは「リプリゼント」という概念が翻訳され、定着していった。たとえばラッパーのKダブ・シャインは、「自分のコミュニティを代表」することが、「ヒップホップにとって一番大切な要素」であると述べている(萩谷1998: 16)。そしてリプリゼントという言葉は、「レペゼン」という片仮名語となって多くの日本のラッパーに共有された。そのことは、一九九〇年代半ば以降に発売された日本のラップのレコードにおいて、多くのラッパーが自らの出身地や活動場所の名称を「レペゼン〇〇（地名）」という表現で歌詞の中に織り込んだことに示されている。

これは前述した合衆国における「ゲットー」から「フッド」への変質、すなわちニューヨーク以外のアーティストたちが実践の真正性を主張するために「フッド」を重要視した過程と類似している。「リプリゼント」できる場所があるかどうかが重要な意味を持つという価値観が、日本でも意識されるようになったということである。このことは、日本におけるヒップホップの認識論的ローカリティの有り様を示すものである。

またローカルなラップ実践が行われる中で、国内レコード・レーベルがラップを手がけるようになり、レコードの流通網も整備されていった。一九九〇年代の渋谷における専門レコード店の集積、通称「レコ村」でも、ラップは主要な売り物の一つになっていった。それは、『フロント』（後の『ブラスト』）のような専門誌の刊行や、クラブなどの実践の場が増加したことからもわかる。さらに、二〇〇〇年前後には、インディで活動していたアーティストの多くがメジャー契約し、リップ・スライムやクレヴァのように、商業的な成功を得るケースも珍しくなくなった。こうした一連の流れは国内でラップ文化圏や市場が形成され拡大していく過程であり、その結果日本のラップの実体論的ローカリティの有り様が方向づけられてきたといえる（木本 2009）。

なお日本の場合は、特定の地域から「（出ていきたいが）、出ていけない」といった実体論的ローカリティのネガティブな側面は、合衆国に比して強いわけではない。そのため抽象度の高い地元愛的なものとして、「レペゼン」意識が表明されることも少なくない。ただし、不良とのかかわりが強いラッパーの場合、合衆国のギャングと同様に、自分たちの「縄張り」を越えられないという意識が「レペゼン」意識と重なって表れる場合がある。たとえば川崎南部を「レペゼン」するラップ・グループのバッド・ホップのメンバーであるワイザーは、次のように述べる。

「これまで自分らのテリトリーは川崎駅までだったんですよ。そこを一歩でも越えると、感覚としては〝外〟になる。ラゾーナ（駅ビル）の奥にドンキがあるんですけど、そこすら行かない。家から一〇分、一五分とかで移動できる場所がコミュニティで、輝ける場所。いくら不良として名が通ってたといっても、橋を渡って、大田区とか鶴見とかに行ったらもう自分の名前なんか利かなくなる。でも、（引用者注：ラッパーとして知名度を獲得した）今だったら沖縄に行っても北海道に行っても名前を知ってくれてる人がいる。視野も広がりましたよね」（磯部 2017: 57）。

こうした発言からは、合衆国の場合と同様に「（出ていきたいが）、出ていけない」場所としての地元意識を抱きながらも、ラッパーとして成功することで、他の場所が目に入るようになるという状況が窺える。実体論的ローカリティのネガティブな側面は、日本においても見出せるのだ。バッド・ホップは、しばしば川崎南部の荒んだ環境や犯罪について歌うことを通して自分たちの立ち位置を「レペゼン」しており、そうした点も合衆国のラップに類似している。

4 「ゲットー」を「リプリゼント」、「レペゼン」すること

ここまででみてきた「（出ていきたいが）、出ていけない」場所とは、簡単にいえばグローバル化や再開発から取り残され、衰退していくローカルな空間である。ローカル空間は、しばしば貧困や犯罪と結び付く。たとえばロイック・ヴァカン（Wacquant, Loic）は、「ゲットー」と刑務所の関係を次のように整理する。

いわばゲットーは「都市空間における刑務所」の役割を果たしてきた。それはアフリカ系アメリカ人コミュニティを周囲の世界から徹底的に排除する一方で、労働力として搾取することを可能にしてきたのである。ところが、一九六〇年代にアメリカを揺るがした都市暴動の波に象徴される大混乱がゲットーで発生してからは、従来のゲットーに代わって、刑務所が黒人下層労働者を収容する役割を果たすようになったのだ（中略）。ゲットーと刑務所は、密接に関連し、相互に補完し合っている。というのも、両者は、それぞれの仕方で、望まれざる人々を周囲から遠ざけ、隔離する機能を果たしているからである（Wacqunt 1999=2008: 95）。

ヴァカンは、都市空間における排除（＝隔離）の産物として「ゲットー」や刑務所を捉えている。

社会の中で「望まれざる人々」を閉じ込めるという点において、両者は極めて似通っているのだ。

ヴァカンの議論は、「(出ていきたいが)、出ていけない」という実体論的ローカリティの負の側面を端的に説明したものであるといえる。多くのラッパーの出身階層でもある貧困層は、監獄もしくは監獄のような場所に囲い込まれているのだ。それが構造的な問題であることはいうまでもない。

しかし同時に、実体論的ローカリティのネガティブな側面は、「ゲットー」が真正性の指標として本質化されて以来、ラップにおける表現の源泉にもなってきた。「ゲットー」における荒んだ生活や犯罪などは、ラップの主要なトピックの一つである。ネガティブな要素があればあるほど、その場所はラップに適した場所ともみなされる。つまりラップでは、実体論的ローカリティのネガティブな側面が文化的な価値を持つのだ。

こうした点を踏まえれば、「リプリゼント」、「レペゼン」するという行為は、貧困や犯罪といったネガティブな要素と結び付けられた実体論的ローカリティを、自分たちが依って立つ真正なラップ実践の場所という認識論的ローカリティによって、ポジティブに書き換える行為であると捉えることができる。このような意識が共有されることで、「リプリゼント」、「レペゼン」するラッパーたちの周辺では、濃密な地元意識が育まれる。冒頭で紹介したニプシー・ハッスルのように、コミュニティに貢献しようとするラッパーのモチベーションも、こうした地元意識に端を発するといえよう。

なおラッパーたちが「リプリゼント」ないしは「レペゼン」することは、基本的には自分たちの拠って立つ場所を語る内在的な行為である。それゆえに彼等彼女等の表現が暴力的であると批判される場合でも、その暴力性は「ゲットー」の現実を反映したにすぎないという反論の余地が残される。つまりラップの暴力的な表現に問題があるのではなく、「ゲットー」に溢れる暴力にこそ問題があるということである。

5　内在的な表現と音楽ビジネス

特定のローカルを「リプリゼント」、「レペゼン」するラッパーの表現がいかに内在的であっても、ポピュラー音楽として「外部」に晒されないことには、商業的な成功は望めない。ラッパーが商業的に成功するためには、「ゲットー」とは縁のない人々の好奇のまなざしに応える必要がある。そのためにラッパーたちは、こぞって殺伐とした歌詞を書き、ことさら暴力的なライフスタイルを演じる場合がある。とりわけ一九九〇年代に人気を博したギャングスタ・ラップには、そうした傾向が強い。

そして「ゲットー」の現実を語る内在的な表現と、好奇のまなざしに応えるための演出の境界は、ラッパー本人でもはっきりとわからなくなる。一九九〇年代以降、一部のラッパーが実際の犯罪に関わったり、銃撃されたりしている事実は、内在的な表現と演出のバランスをとる過程で、ある種のひずみが生じがちであることを示している。

たとえばラッパーの2パックは、ハイティアン・ジャックというニューヨークの有力なギャングとの交際を続ける中で彼に惹かれ、次第に自分が敵なしであると勘違いするようになったという(Westhoff 2016: 301-302)。そうした「勘違い」の結果、2パックはファンに対するレイプ事件をはじめとする様々なトラブルを引き起こし、仕舞いには一九九六年に銃撃されて死亡している。悲劇的な最期を含めた2パックにまつわるトラブルは、「偽物のギャングスタ・ラッパー」と呼ばれることを嫌った彼が(ibid. 301)、「本物」になろうとした結果、生じた出来事だとも解釈できる。

表現と演出のアンバランスがもたらすこうしたひずみは、一九九〇年代以降もみられる。たとえば二〇一二年には、シカゴのラッパーのリル・ジョジョが、同じくシカゴのラッパー、チーフ・キーフの楽曲、《ドン・ライク》のバック・トラックを用い、チーフ・キーフを批判する動画をソーシャルメディアに投稿した。チーフ・キーフはリル・ジョジョの仲間とは敵対するギャング組織に属するとされる。それから数か月後、リル・ジョジョはチーフ・キーフらが属するギャングの縄張りで、彼等を挑発する動画を投稿した。その動画の投稿から数時間後に、リル・ジョジョは射殺された。犯人は彼の投稿を頼りに、居場所を特定して犯行に及んだという(注3)。皮肉なことに、この事件はチーフ・キーフが「リアル」なラッパーであるという評判を高める一因となり、チーフ・キーフらが「リプリゼント」するシカゴのサウスサイドは、二〇一〇年代におけるラップの重要な地域とみなされるようになっていった。

サウスサイドのラップは殺伐とした暴力や犯罪をトピックとすることが多いが、現実に起こった上述の殺人事件などがその信憑性を高めている。つまり実体論的ローカリティのネガティブな側面である現実の犯罪が、一種のプロモーションとして機能するという一九九〇年代のギャングスタ・ラップ以来の傾向が、相変わらずみてとれるのだ。「ゲットー」の現実を語る内在的な表現と演出の境界は、曖昧であり続けている。(注4)

6 想像的連帯

前述のようにラッパーが「リプリゼント」、「レペゼン」することとは、ネガティブな要素と結び付けられた実体論的ローカリティを、認識論的ローカリティによってポジティブに書き換える行為であると考えられる。しかし前節の議論を踏まえれば、「リプリゼント」、「レペゼン」することは、あくまでも認識論的ローカリティに関わる「気分」の問題であり、実体論的ローカリティと関わる深刻な「ゲットー」の諸問題を解決する実効力を持たないようにも思える。

事実、ヒップホップ文化の生まれたサウス・ブロンクスは、文化的には「聖地」であっても、社会的には相変わらず「ゲットー」のままである。悲観的に評価するならば、ラッパーたちの身を切るような表現、あるいは商魂たくましい演出は、犯罪や貧困に関する無責任な好奇心を満足させ、その対価としてごく一部の音楽ビジネス関係者を潤しただけにもみえる。

だが、本当にそうだろうか。ラッパーが「リプリゼント」、「レペゼン」する歌は、取り残されたローカルが衰退していく際のBGMにしかならないのだろうか。

そのことを考えるために、ここであえて素朴な問いを補助線的に示したい。それは場所も時間も、社会的背景、文化的背景も異なる人々が、なぜ「ゲットー」の歌に惹かれるのかという問いである。犯罪や貧困に関する無責任な好奇心があることは確かだろうが、果たしてそれだけだろうか。

この問いに関連して、私は自分自身が一九九〇年代後半から二〇〇〇年代半ばにかけておこなった日本のラップに関する調査で出会った、あるインフォーマントのことを思い出す。ラッパーとして活動していた彼は、深夜の車の中で哀愁漂う、ゆったりとしたギャングスタ・ラップを聴くのを好んでいた。彼のギャングスタ・ラップに対する愛着は、暴力的なラップへの表面的な傾倒というよりは、より深い共感に基づくものであると感じられた。

かつて犯罪行為に関わり少年院に入っていた彼は、アルバイトをしながらラッパーとして活動することで、犯罪から距離を取った生活を送っていた。そんな彼がギャングの苦悩を歌ったラップに共感するのは、自分の経験や境遇をどこかでラップに重ね合わせているためのように思えた。たとえるならばそれは、自分が経験したトラブルはギャングスタ・ラップで歌われるトラブルと同じだという感覚である。

私はこうした感覚を想像的連帯と名付けたい。想像的連帯とは、認識論的ローカリティのバリエーションであり、以前には意識されていなかったようなローカル間の関係がグローバルな音楽文化などを介して見出され、そこに個別具体的でローカルな意味や心情が投影されることである。想像的連帯には誤解や曲解が含まれる場合もあるだろうが、それすらもローカリティを構成する要素となる。

想像的連帯は個々の日本のラップ作品にも見出すことができる。たとえば二〇〇四年にリリースされた名古屋のラッパーであるトコナ・Xのアルバム『トウカイ×テイオー』には、自身の不遇な生い立ちと地元である名古屋への愛を歌った《フェアーズ・マイ・フッド》という楽曲が収録されている。その楽曲のバック・トラックは、一九九四年にリリースされて大ヒットしたウォーレン・G(注5)の《レギュレイト》のトラックをほぼそのまま使っている。

名古屋を「レペゼン」する曲が、ロングビーチのストリートにおける暴力を歌った十年前の曲と重ねられるということが、想像的連帯の典型である。一見、名古屋とロングビーチの間には何も関係がない。しかし関係はラップを介して見出され、ローカルな心情がグローバルな広がりのもとで再定置されるのだ。

想像的連帯は、楽曲の売り上げやライブの動員数のような数量的に把握できる指標ではなく、いくらか曖昧な印象を与える。またそれは、必ずしも実体論的ローカリティのネガティブな側面を解消する実効力とはならないかもしれない。

しかし想像的連帯は、グローバルな文化がローカルに生産・消費される際の重要な契機として捉えられるべきものである。たとえば想像的連帯は、日本のラップを突き動かす原動力の一つになってきた。かつて日本のラッパーやレコード産業の従業員たちは、合衆国のラップに憧れ、「本場」として参照しながらも、それとは異なったラップ文化圏や市場を創ろうとしてきた（Condry 1999, Yasuda 2001, 木本 2009）。ある意味でそれは、想像的連帯を原動力としながら、ローカルなラップ文化圏や市場が創られる過程であった。

音楽のグローバル化とは単なる情報の流通の拡大を示すわけではない。それはグローバルな文化の広がりのもとでローカリティが再定置され、変容していく過程なのである。地元を「リプリゼント」、「レペゼン」するラッパーたちの営為は、そうしたグローバル／ローカルな文化の動態をミクロな次元において示しているといえる。

おわりに

ここまで考察してきたように、ラップのグローバル化を契機として、ヒップホップ文化は世界各地においてローカル化していった。そのなかでは、本章で検討した日本の事例のように、各ローカル地域の認識論的・実体論的ローカリティが顕在的なものとして観察されるものもあった。またヒップホップ文化における実体論的ローカリティは、「ゲットー」から「（出ていきたいが）、出ていけない」というネガティブな側面を持つものでもあった。

ラッパーが「リプリゼント」、「レペゼン」する行為は、そうしたネガティブな実体論的ローカリティを依って立つ場所という認識論的ローカリティによって、ポジティブに書き換えるという意味を持っていた。

こうした反面、ラッパーたちの内在的な表現は、ラップ・ビジネスのなかで演出と混ざり合い、多くのひずみが生まれてきた。ただし、ひずみを内包したラップであっても、それがグローバルに聴かれることで想像的連帯の契機となる可能性があることは忘れるべきではない。

本章の議論は、特にラップに特有な環境や価値観と結び付いているため、他の音楽ジャンルや文化にもそのまま当てはまるものではないかもしれない。しかし、想像的連帯がローカリティの有り様を規定するという本章の知見は、他の領域においても当てはまる部分があるのではないだろうか。そうした点については、今後の課題としたい。

注

(1) アンソニー・ギデンズ(Giddens, Anthony)は、グローバル化をめぐる諸過程を「脱埋め込み(disembeddedness)/再埋め込み(re-embeddedness)」という概念で説明している。「脱埋め込み」とは「社会関係を相互行為の局所的な脈絡から〝引き離し〟、時空間の無限の拡がりのなかに再構築する」過程であり(Giddens 1990=1993: 35-36)、「再埋め込み」とは「脱埋め込みを達成した社会関係が(いかに局所的な、あるいは一時的なかたちのものであっても)時間的空間的に限定された状況のなかで、再度充当利用され作り直されていく」過程であるとされる（同：102）。本章では、前者に対応するものとしてグローバル化、後者に対応するものとしてローカル化という用語をそれぞれ用いている。

（2）「ゲットー」と同様に、多くの「フッド」も、相対的に貧困層が多く居住し、治安の悪い地域であるという傾向がある。上述のコンプトンも、L.A でも特に治安の悪いエリアであるとされる。

（3）「noisey CHIRAQ　シカゴの闇から生まれたドリル・ミュージック①」http:www.youtube.com/watch?v=vdeMVRC8EuA（最終閲覧日二〇一九年一〇月七日）。

（4）二〇一七年にも、合衆国のラッパーのタイ・Kが、自分自身の犯罪について歌った楽曲、《レース》のミュージック・ビデオを、逃走中に動画サイトで公開して話題となった。

（5）ウォーレン・Gとは、一九九〇年代に人気を誇った西海岸のギャングスタ・ラップを代表するラッパーのひとりである。

第6章　地域文化としてのサブカルチャー

——茨城県中央部における「ロックンロール」を中心に

大山昌彦

はじめに

本章はサブカルチャーのローカル化のプロセスを日本の事例から検討していくものである。サブカルチャーには多様な定義が存在するが、本稿では、多くの国民が共有するメインカルチャーに対して、特定の集団によって共有される非通念的な文化を指すものとしたい（Fisher 1975=2012、難波 2006）。

この意味に照らし合わせるとサブカルチャーには多様な背景が想定されるが、本章で注目するのは、消費社会を背景に広範に流通、流布する多様な商品や情報を選択し組み合わせることによって形成されるサブカルチャーである。ディック・ヘブディジは、サブカルチャーに特徴的なスタイルが、市場に流通する様々な商品を素材として独自に組み合わせるブリコラージュを通じて、仲間内で新たな意味を産み出す意味生成実践（signifying practice）の結果であると捉えている（Hebdige 1979）。

こうしたローカルな実践によって形成されるサブカルチャーは、使用価値よりも記号価値の生産が経済成長につながる消費社会という状況の下で、脱文脈化していくこともある。この記号価値で重要となるのは、新奇性や「おしゃれ」「かっこいい」といった「美的な」側面である。この側面は、マイク・フェザーストンが「日常生活の審美化（aestheticization of everyday life）」と呼ぶ現状と深く関係している（Featherstone 1991=1999）。消費社会における消費は、自己の表現活動という性格を帯びる。新奇性や美的な記号価値を持つモノや情報を消費することは、自己のライフスタイルを芸術作品のように作り上げ、人との差異と個性を表現する。こうした消費社会の需要によって、サブカルチャーは新奇性や差異性といった記号価値を付与され商品化、すなわち脱文脈化していく。

サブカルチャーが脱文脈化していくには、消費が可能な形態へと変換されるプロセスを不可避的に伴う。ヘブディジは、サブカルチャーがローカルな営為から脱文脈化されるプロセスを、商品形式（the commodity form）とイデオロギー形式（the ideological form）の二つの要因から説明している。商品形式とは、新奇なサブカルチャーが、諸産業によって商品化されることを指す。イデオロギー形式とは、支配者集団（警察、メディア、司法など）が、新奇なサブカルチャーを人々にわかりやすく再定義することを指す。こうしたプロセスを経てサブカルチャーは理解、そして消費可能な対象となる。

サブカルチャーが脱文脈化するプロセスは一方で、消費を通じて再文脈する側面も持つ。ピーター・マーチンは、サブカルチャー概念を整理し二つの次元の存在を指摘している。一つは象徴的記号（symbolic representation）である。これはサブカルチャーの特殊な表現的側面であり、ヘブディジが指摘するサブカルチャーの脱文脈化と呼応する。もう一つは実演（enactment）の次元である。それは「メディアと相互的な影響関係にある、具体的な社会状況において個々人や集団が実際に活動を行うなかで、またはそれを通じて生み出される表現のプロセス（Martin 2004: 33）」と説明されている通り、あるサブカルチャーが消費を通じて特定の社会的文脈において実践される局面を指す。この実演、つまりローカルかつ協同的な文化実践を通じて、アイデンティティや所属の感覚が生み出され維持されるとマーチンは指摘している。さらに、こうしたローカルな実践が継続されるとしたら、スタイル自体のローカル化も進展していく可能性もあるだろう。

このように消費社会を背景としたサブカルチャーは、脱文脈化と文脈化との絶え間ない動態的様相のなかで存在していると考えるべきであろう。しかし、消費社会において、サブカルチャーを生み出し、商品・メディアとして生産し発信する「中心」と、もっぱらそれらを消費し実践する「周縁」という構造が存在するといえる。日本のサブカルチャーは、東京に代表される中心としての大都市で形成・発信され、周縁としての地方が「キャッチ・アップの欲望」によって消費するという構造が、「上京文化」を生み出してきた（伊奈 1999）。

地方は、大都市発信のサブカルチャーの受動的な受け皿に過ぎないのであろうか。一過性ながらも大きく影響されるキャッチ・アップの欲望を相対化するような、地方の人々の選択と文化実践における自律性は、どのように生み出すことができるのだろうか。伊奈正人は、大都市から発信される多様なサブカルチャーが地方都市で選択的に受容され、その愛好者たちが地方都市を拠点としたローカルなネットワークと実践の場を形成することに注目した。

その結果、地方におけるサブカルチャーは、いわゆる民俗的な「地方文化」とは異なり、その脱文脈性ゆえに地域を超えた繋がりを持つ「もう一つの地域文化」となる可能性を指摘している（伊奈 1999)。

サブカルチャーが「もう一つの地域文化」となるには、長期にわたって地域的な文化実践が継承される、つまり「根付く」ことが重要であると考えられる。キャッチ・アップの欲望による一過性のものではない、地方のサブカルチャーのあり方はいかにして可能となるのか。フィル・コーエンは、あるサブカルチャーを選択した人々によるローカルな実践が、次第に「地元意識」(territoriality)と結合することによって、地域の中で生き延び根を下ろしていく可能性を指摘している(Cohen 1980)。コーエンの指摘にしたがえば、特定の場所におけるサブカルチュラルな実践が地理的な境界と次第に結び付くことで、新しい地域的なアイデンティティに基づく継続性が生じていくということになるだろう。

このようにサブカルチャーが特定のローカルな文脈で継続的に実践されることで、脱文脈化したサブカルチャーはそこで特別なものとなると考えられる。遠藤薫は、文化の価値をその所有が産み出す経済的価値、文化を媒介とした人間関係が生みだす社会関係的価値、「その遭遇もしくは体験が、自己の存在論的問いを導くと同時に、それに何らかの解をあたえ、自己アイデンティティ(世界内存在としての自己確信)を根拠付ける」アウラ的価値の三つに分類した(遠藤 2004)。アウラを喪失しているサブカルチャーであっても場所性を伴う実践が集団的かつ継続的になされれば、ローカルな社会関係的価値とアウラ的価値が形成され、さらに再生産されると考えることも出来る。

以下では筆者が一九九七年から断続的に調査を行った「ロックンロール」と呼ばれる公共空間で

ダンスパフォーマンスを行うサブカルチャーを事例に、まず、サブカルチャーの脱文脈化と再文脈化のプロセスを背景として、「ロックンロール」が中心としての大都市でどのように誕生し広がったかを検討する。次に、「ロックンロール」が周縁に位置付けられる調査の主要なフィールドである茨城県中央部(注1)でどのように継続的に実践されてきたかを明らかにする。これらを受けて、サブカルチャーが「もう一つの地域文化」となる要因について考察する。

1 「ロックンロール」の誕生

「ロックンロール」は、一九七〇年代中盤、東京で誕生したストリート・パフォーマンスを行うサブカルチャーである。一般には、ロックンロールとは一九五〇年代にアメリカで誕生した後、資本主義国家を中心にファッションとともにグローバルに拡散し、ポピュラー音楽のスタンダードとなったジャンルを指す。一九五〇年代末には、音楽のみならずアメリカの若者ファッションも程度は異なるが、各地の若者に影響を与えた。日本では、一九五〇年代末に「ロカビリー・ブーム」が起きた。ロックンロールのサウンドや楽曲は、一九六〇年代ロックの時代以降も各地のポピュラー音楽に影響を与え、カバーされることも珍しくはなかった。このようにロックンロールは絶え間ない脱文脈化と再文脈化のプロセスによって、その命脈を保ってきた。

「ロックンロール」は、このプロセスの中で誕生した。その背景には、大きく分けて三つの動向が合流した結果が想定できる。

一点目として、神奈川県横浜、横須賀エリアのローカルな若者サブカルチャーである。神奈川県横浜市と横須賀市には一九六〇年代までは数多くの米兵向けのサービス業が展開していた。米兵の需要に対応したものであったことから、提供されたポピュラー音楽には、ローカルな特色がみられた。ロックなどの最新の白人音楽を受容してきた東京の文化産業とは異なり、横浜や横須賀では黒人兵向けにはソウル、比較的貧しい地方出身の白人兵士には一九五〇年代~六〇年代初頭のロックンロールが、日本人バンドの演奏によって提供されていた（森永 2015）。基地周辺には、米兵が好むファッションに影響を受けた、「スカマン」「ヤンキー」と呼ばれた地元の若者を中心としたローカルでサブカルチュラルなスタイルが展開し、次第に東京の若者に模倣されることを通して広がっていった（今井 1974）。

二点目として、一九六〇年代末にアメリカで起きた「ノスタルジア・ブーム」である。このノスタルジア・ブームでは、一九五〇年代後半から六〇年代初頭をリアルタイムで青春を過ごした層に向けて、当時の若者文化が積極的に（再）商品化された。特に一九五〇年代のロックンロールは「オールディーズ」（Oldies）として再度注目されるようになった。ブーム時には「オールディーズ」の再編集盤が制作、販売され、往年のアーティストが「復活公演」を行った。さらに、当時の青春模様を描いたミュージカルや『アメリカン・グラフィティー』（1973）、『グリース』（1978）といった一九六〇年代初頭の若者を描いたノスタルジックな映画が制作された。

三点目として、一九七〇年代初頭におけるイギリスの若者サブカルチャーである。ザ・ビートルズの成功を契機に、イギリスの若者文化が日本でも広く紹介されるようになった。一九七〇年代初頭のイギリスでは主に労働者階級の若者サブカルチャーが展開したが（Hebdige 1979）、ザ・ビートルズにも大きな影響を与えた一九五〇年代のロックンロールは、さらにリバイバルしたテッズ（Teds）（注2）をはじめ、多くのサブカルチャー集団に枠を越えて愛好された。このイギリスの若者の動向は音楽やファッションのトレンドとして「ロンドン・ポップ」と称され、現地での階級性を排除されて日本に紹介された。

一九七〇年代前半から中盤にかけてこの三つの要因が東京で結び付き「ロックンロール」誕生の母体となる動向が展開した。アメリカを中心としたノスタルジア・ブームと異なり、日本での動向は一〇代の若者が主要な消費者となった。ポピュラー音楽では、主要メンバーが横浜、横須賀地域で演奏キャリアを積み、初期のザ・ビートルズの音楽や一九五〇年代のファッション、なかでも「革ジャン、リーゼント」、さらに「スカマン」などファッションの要素を取り込んだキャロルが一九七二年にデビューした。その後ダウンタウン・ブギ・ウギ・バンド、クールス、シャネルズなどロックンロールを演奏する日本人アーティストがデビューし、商業的な成功をおさめた。

映画『アメリカン・グラフィティー』は、次第に一〇代を中心とした若者に大きな影響を与えることとなった。映画の登場人物のファッション、劇中に流れるロックンロール、そしてダンス・パーティー、こうした青春を謳歌するライフスタイルは、一〇代、特に大学に進学しない非エリート層の若者に強い印象を残すことになった。映画の世界は大学に進学しない若者にとってモラトリアムの時期にあたる一〇代後半に、充実した青春を過ごすためのいわば「教科書」となった（大山2005）。一九七〇年代中盤の東京には『アメリカン・グラフィティー』の登場人物さながら、当時のファッションに身を包み、ドライブやボーリング、ロックンロールに合わせてダンスを楽しむサブカルチュラルな若者集団が登場した（グループ〈フルスロットル〉編 1981）。

こうした若者集団が登場した背景には、アメリカのノスタルジックな若者のライフスタイルが、若者向けに積極的に商品化されたことがある。一九七六年にはオールディーズの演奏でダンスを楽しむディスコ「ケントス」が、六本木に開店した。「ケントス」では、ノスタルジックなファションに身を包んだ若者がダンスに興じていた。若者ファッション誌でもノスタルジックな若者ファッションを、積極的に取り上げた。なかでも山崎眞行が一九七六年原宿で開店した「クリームソーダ」はその代表的なブランドとなった。キャロル同様、横浜、横須賀のサブカルチャーファッションからも強い影響を受け、「ロンドン・ポップ」に関心を持つとともに、両者の共通点を見出していた山崎は、一九七一年に開店したスナック「怪人二十面相」を皮切りに、ロックンロール時代のアメリカ若者文化をイメージした飲食店を経営していた。その後ロンドンを訪れた際に立ち寄ったテッズのファッションを扱うショップに刺激を受け、「クリームソーダ」を開店した。古着の販売からスタートした「クリームソーダ」は、山崎が「フィフティーズ・ファッション」と呼んだアメリカのノスタルジックなファッションやイギリスのテッズのファッションを基にしたオリジナルな商品を企画販売した。その後「クリームソーダ」の成功とともに類似したファッション・ブランドが次々に誕生していった。キャロルをはじめとするロックンロール・バンドそして山崎の「クリームソーダ」に代表される「フィフティーズ・ファッション」は、「ツッパリ」（後には「ヤンキー」と呼ばれる）と呼ばれたサーキット族、後の暴走族など反学校的な非エリート層の若者を中心に消費されていった。

こうした流れのなかで、一九七〇年代半ば、ストリート・パフォーマンスとしての「ロックンロール」は東京で誕生した。当初は原宿エリアで人気となりつつあったフィフティーズ・ファッションの若者が、散発的に店舗から流れてくる音楽に合わせて踊り、人々の注目を浴びたことから、路上で踊る活動が始まった。一九七七年に歩行者天国が表参道で開催されるようになると、フィフティーズ・ファッションで若い男女がチームを組んで踊るようになった（後にいわゆる「原宿ホコ天」に移動）。その後、メディアの注目を浴び、このサブカルチャー集団は「（ロックン）ローラー族」と呼ばれるようになった。

「ロックンロール」のスタイルには大きく分けて二つの種類がある。まず一つは、フィフティーズ系のスタイルである。「フィフティーズ・ファッション」で、アメリカのオールディーズを中心とした楽曲で踊るものである。もう一つは、バイカー系のスタイルである。起源はフィフティーズであるが、キャロルやクールスの影響が強い、古着の革ジャンにジーンズ、そして黒を基調にしたバイカーのファッションであった。バイカー系のチームでは、オールディーズの楽曲に加え、ザ・ビートルズ、日本のキャロルなどフィフティーズ系ではあまり耳にしないロックンロールも使われた。

「ロックンロール」のダンスは、ノスタルジー映画に登場する一九五〇年代のジルバ、六〇年代初期のツイストが基盤となった。路上のパフォーマンスとなったことから、「ロックンロール」には、次第に多様なダンスの要素が混交されていくことになった。たとえば映画のシーンに登場するエルビス・プレスリーのような歌手の動き、当時流行したディスコの映画である『サタデー・ナイト・フィーバー』（1979年公開）の主人公のダンス、一九八〇年代にはブレイク・ダンスの要素が取り込まれ、独特なダンスへと変化していった。

「ロックンロール」は、「ツッパリ・ブーム」を背景に、一九八〇年前後から全国に拡大していった。「ツッパリ」は、校内暴力などの少年非行の問題として報道される一方で、そのサブカルチャーは積極的に商品化され流行していった。その過程で「ロックンロール」は、「ツッパリ」の一部として全国各地に広まっていった。「ツッパリ・ブーム」が終息した一九八〇年代中盤にさしかかると、「ロックンロール」も次第に下火になり、一九九六年の原宿ホコ天の閉鎖を契機に、原宿のローラー族はさらに減少することになった。しかし「ロックンロール」は、流行から四〇年近くを経た現在でも、東京では原宿（代々木公園）、上野、町田において、名古屋市、大阪市、京都市、広島市、北九州市といった大都市に加え、岐阜市、那覇市において、そして以下で検討する水戸市を中心とした茨城県中央部など地方都市で実践されている。

2 「ロックンロール」から「ロック」へ

茨城県中央部の「ロックンロール」は、一九七〇年代末から一〇代の若者によって始まった。水戸市をはじめ各地で地元の中高生世代の若者を中心にチームが結成された。それはキャッチ・アップ的な志向に基づく、ツッパリ・ブームを背景とした東京からの流行を消費し実践したものであったといえる。そのスタイルは、フィフティーズ系であった。フィフティーズ系のスタイルは、バイカー系と比較すると、商品化が進んだ「標準化」されたものであった。彼らは、東京や水戸市内で購入した「クリームソーダ」や「ペパーミント」など原宿のブランド商品を愛好していた。踊りの際に使用したのは、『アメリカン・グラフィティー』のサントラ盤やコンピレーション盤に収録されたオールディーズの楽曲であった。

標準化されたスタイルとは異なり、茨城県中央部における「ロックンロール」の実践は、東京との環境の相違を背景にローカル化されていった。その顕著な特徴は、「ロックンロール」の実践が地域の祭りが開催される春期から秋期のはじめまでの季節限定となったことである。なかでも水戸市の中心街で例年八月の初旬に開催される「水戸黄門祭り」には、水戸市近辺から数多くのチームが集まった。茨城県中央部には東京・原宿の「ホコ天」のように毎週多くの衆目を集める場は存在しなかった。その代わりに茨城県中央部で「ロックンロール」の舞台となったのは、こうした各地域での祭りが行われる際に臨時に設置される歩行者天国だった。

もう一つの特徴は、チームが主に同じ中学校の出身者の同級生を中心とした地元の仲間で結成されたことである。ちなみに、東京・原宿のチームは、各地からホコ天に集まった異なる地域のメンバーが所属しているのが普通であった。最初に、水戸黄門祭りの歩行者天国で踊ったのは、原宿でそれぞれ活動をしていたローラーが中学時代の地元の友人によって結成した「ルーシール」だった。また水戸市近郊の笠間市でも、中学校の同級生が「ミルキー・ウェイ」を結成している。このように茨城県中央部の「ロックンロール」は、地元の仲間内で地元とその周辺の祭りで踊る活動となった。

「ロックンロール」のローカル化は、次第に暴走族の活動となったことによってさらに進展した。これまでも、「ロックンロール」も暴走族の活動も地元仲間を基盤とした非エリート層の若者であったことから、並行して実践する若者も少なからず存在していた。一九八三年に水戸市の暴走族「水戸連合」のメンバーが「ロックンロール」のチームである「ソルジャーズ」を結成すると、周辺の暴走族も同様に「ロックンロール」のチームを別名で結成した。その結果「ロックンロール」は衆目を集める手段として、次第に暴走族の「公式行事」として位置付けられていった（大山2005）。一九九〇年代には暴走族の「ロックンロール」が支配的となった。この時期には、茨城県

図１　1990年代末の暴走族のロックンロール（出所：Ｋ氏より提供）

中央部の各チームは、かつてのように原宿で活動をすることはほとんどなくなり、地元や友好チームの地元など暴走族のテリトリーで開催される祭りで踊り、地域によって異なるものの、祭りでは暴走族以外のチームは排除されるようになった。

一九九〇年代中盤となると、スタイルのローカル化も進展した。暴走族のユニフォームである「特攻服」を着用するチームが水戸市周辺の市町村に登場した。またチームの存在を誇示するために大人数で踊ることが重視され、不機嫌そうに「だらだら踊る」ことが「格好いい」とされた。さらに祭りの歩行者天国解除後も踊りを続け、やめさせようとする警察と「ケンカ」をし、バイクで走り回るという、暴走族としてのパフォーマンスが重視されるようになった。従来のスタイルからローカルに大きく変化した茨城県中央部の「ロックンロール」であっても、「暴走族のロックンロール」（図1）としてメンバーに正当化されるようになった（大山 2005）。

この過程で「ロックンロール」は、暴走族を中心とした地元の不良集団の先輩・後輩関係の中で伝承されるようになった。中学生の「予備軍」は、祭りでの先輩の姿を熱心に見学し、見よう見まねで踊りを覚え仲間とともに練習した。暴走族の引退を機に「ロックンロール」からも引退することが慣習となった。さらに「特攻服」、フィフティーズ・ファッションや使用する楽曲などのアイテムは、自ら購入することもあったが、先輩 - 後輩の関係の中で譲渡され、売買された。

こうした地元化ともいえる傾向は、より局所的なスタイルのローカル化を進展させた。たとえば笠間市の暴走族「幕府」／「コンチネンタル・キッズ」のメンバーは、金色に染色しコールドパーマをかけスプレーで頭髪を盛り上げたヘアスタイルにすることがある。この特徴的なヘアスタイルは「笠間のデカ頭」と呼ばれ、チームの「伝統」となった。このようにローカルなスタイルの形成を通じて、地域的なアイデンティティも形成されるようになっていった。

この地域的な伝承において、「ロックンロール」で使用される楽曲の意味も大きく変化することとなった。「幕府」／「コンチネンタル・キッズ」で使用された「ロックンロール」の「定番」のレパートリーであるザ・ビーチボーイズの《サーフィン・USA》からみてみたい。《サーフィン・USA》は定番曲ではあるものの、そのアーティスト名を知るメンバーはほとんどいなかった。その理由は、この楽曲を使う場合、主に先輩から譲り受けた数多くのカセットテープからサウンドの記憶のみを手がかりに探していたからである。当時の総長であったM・F氏は、中学校時代の英語の時間に聞いた《サーフィン・USA》のエピソードを以下のように回想している。「英語の授業んとき時なんですけど……、先生馬鹿だから、なんか俺らに聞かせようとした曲間違えて、《サーフイン・USA》なんてとっぽい（不良っぽい）曲かけたんですよ」[注3]。本来《サーフィン・USA》は、「カリフォルニアの明るい好青年」というイメージで売り出されていたザ・ビーチボーイズの代表曲である（Charlton 1994＝1996）。歌詞の内容も、アメリカの西海岸の「健康的な」若者の生活を描いたものであった。しかしながら、「幕府」のメンバーによって《サーフィン・USA》は、従来の意味が忘却されるかわりに、伝承の過程で先輩たちが踊ってきた不良の音楽というローカルな意味が付与されたのであった。

茨城県中央部の暴走族は二〇〇〇年以降急激に減少したが、その後も暴走族同様一〇代の地元の「ヤンキー」を中心にチームが結成されたことで「ロックンロール」は継続している。その結果、さらにスタイルのローカル化が進展していった。現在このローカル化が進んだスタイルの「ロックンロール」は「ロック」と呼ばれている。「ロック」の踊り方や使用する主要な楽曲に関しては、これまで継承されたスタイルを基本的には維持しているが、そのファッションには、同じヤンキー系の「男羅男羅系《おらおらけい》」などの要素が混交されている。またチーム名には、これまではなかった「睨檎《じご》路《ろ》」など、かつて暴走族のチームがしばしば使用した音をあてた漢字を使用するようになった。楽曲には、少ないながらもテンポも楽曲構造もサウンドも大きく異なるＥＤＭ[注4]や初音ミク[注5]の楽曲など他ジャンルのものを使用するチームも存在する。このように「ロック」は、暴走族化した「ロックンロール」に、現在の若者サブカルチャーの要素を混交させることで、さらにローカル化が進展したスタイルとなっている。

3 「ローラー系」の誕生と変化

3・1 「ローラー系」の誕生と差別化

暴走族を中心とした「ロックンロール」のローカル化が進展した一九九〇年代初頭、茨城県中央部では従来とは異なる動向が現れた。それはローカルな慣習では引退するべき二〇代前半の若者が、一九九二年に「チョッパーズ」（2006年より「茨城ジャンクス」に名称が変更）を結成したことから始まった。チョッパーズは、茨城県中央部にはなかったバイカー系のスタイルを持ち込んだ。チョッパーズ創設中心となったN・K氏は、慣習に反して「ロックンロール」を継続するため、二〇歳の時に原宿に赴いた。そこで地方にはあまり広まらなかったが、支配的なスタイルであった原宿のバイカー系、なかでも特にN・K氏が最初に目にして衝撃を受けた「ジャンクス」のスタイルを模倣し、原宿と水戸市で活動を開始した。

チョッパーズのスタイルは、そのファッションの特徴から「黒系」、近年では「ツイスト系」、そして踊る姿から「三角踊り」(注6)などと呼ばれるようになった（以下「ツイスト系」と記す）。また「ツイスト系」は、これまで茨城県中央部で伝承された踊り方と大きく異なっていた。それは、日本のロックンロールを中心とした楽曲やステップの踏み方もそうだが、踊りがあらかじめチームで決められた振り付けで踊る「合わせ」ではなく、個人が自由に踊りを即興的に組み立てることが中心であったことである。そのため、踊る際には他のメンバーの踊りを意識しつつ、ときおり即興的に互いの踊りをうまく組み合わせる「絡み」を行う。その後「ツイスト系」は、茨城県中央部において従来のスタイルと異なることから「大人のロックンロール」としてローカルな意味を持つようになった（図2）。一九九五年に結成された「バイタリス」を皮切りに、成人男性を中心に「ツイスト系」のスタイルを実践する人々が茨城県中央部で徐々に拡大していった。

図2　「ツイスト系」チーム茨城ジャンクス（出所：2019年筆者撮影）

　成人の「ロックンロール」は、二〇〇〇年代前半になるとさらに拡大した。暴走族化以前の一九八〇年代前半から中盤のフィフティーズ系のスタイルを基盤としたチームが結成されたことであった。一度は引退した三〇代後半の大人とその家族が中心となり、自身が「現役」時代のスタイルの「ロックンロール」を実践するチームである「O.K.G.」と「キープ」が結成された。「フィフティーズ・ファッション」の象徴的なアイテムである、赤い「スウィング・トップ」をユニフォームとしたことから「赤系」、または「ステップ系」と呼ばれた（以下「ステップ系」と称す）（図3）。O.K.G.には、結成時から「ツイスト系」のメンバーが少数派ながら在籍していた。

図3　「ステップ系」チームキープ（出所：2018年筆者撮影）

さらに二〇〇〇年代中盤に入ると両方のスタイルを実践するチームが水戸市周辺で結成された。それぞれ暴走族のOBを中心とした地元の友人が「兄弟チーム」として二〇〇六年に結成された「クール・ジャック」と「テディ・ジャック」は、チームとしてはO.K.G.同様「ステップ系」を中心にしつつ、何人かのメンバーが「ツイスト系」で踊るかたちで、二つのスタイルを並存させた。両スタイルを並行して実践するチームでは、「ツイスト系」と「ステップ系」を組み合わせた独自のステップで踊るメンバーも現れた。

成人のチームは、自分たちの実践の真正性を示すことで従来の「ロック系」と差別化をはかった。成人の「ロックンロール」が茨城県中央部で拡大した二〇〇〇年代後半、成人チームのメンバーは次第に自らをローラーと呼ぶようになった。ローラーとは「ロックンロール」に参与する人々の一般的な自称であったが、管見の限り、この時期まで茨城県中央部では耳にしたことがなかった。このローラーという自称は、若者中心のローカル化したスタイルである「ロック」と異なり、「本物」の「ロックンロール」を実践しているというアイデンティティを示している。詳細は後述するが、二〇〇七年に水戸黄門祭りに参加する成人チームが中心となって「水戸ロックンロール・オーナーズ・クラブ」(以下MROCと記す)が結成されたが、「オーナーズ」という言葉には「本物のロックンロールを所有している」という意味が込められている。以下では成人が中心となって実践する「ロックンロール」を「ローラー系」と呼ぶことにする。

3・2 「ロックンロール」の趣味縁と美的価値の追求実践

かつて暴走族の義務であった「ロックンロール」は、成人のローラーでは余暇活動としての趣味となった。チョッパーズ／茨城ジャンクスのOBであるT・W氏は「やっぱり仕事が一番で、『ロックンロール』はその次だよね……。だって家庭もってっからねえ」と述べる。(注7) このように成人のメンバーにとっての「ロックンロール」は、社会的な責任を果たした上での余技としての意味を重要視している。そのため、失業した、あるいは仕事の受注がないローラーには、「ロックンロール」が続けられるようにと、チームを越えて仕事を斡旋することも珍しくはない。このような互助的関係性が構築されるのは、その多くが建築関連の仕事に従事していることが大きい。

「ロックンロール」の趣味化は、大きな変化をもたらすこととなった。その一つは、「ロックンロール」が地元に縛られない活動となったことである。多くの場合、生活圏でもある茨城県中央部という地理的範囲が限定される中で、チームの選択は、そのスタイルと既存の関係性の有無によって決められる（大山 2012）。既存の関係性には、地元の先輩後輩のような「地縁」以外にも、同じ現場や企業または同業者間の「社縁」、サッカー・チームなど他の「趣味縁」、親類や親子などの「血縁」など生活圏で構築された「縁」と重なり合っている。さらにチームへの参加を通じて他のチームのメンバーと関係性が構築されると、チーム間で移籍するケースも増えてきている。このように「ロックンロール」の「趣味縁」は、地域の多様な縁とクロスオーバーするものとなっている。また二〇〇〇年代中盤になると従来はギャラリーとして周辺に排除されてきた女性や小中学生も参加するようになった。

二つ目は「ロックンロール」が祭りで目立つことよりも、サブカルチュラルな真正性をめぐって美的価値を追求する活動へと変化したことである。どのチームもサブカルチュラルな「かっこ良さ」という美的価値を実現するために、チームのスタイルの洗練に力を注いでいる。それはメンバーが様々なアイテムやアイデアを持ち寄り、それを基にチームの活動を通じて具体化される協同的な創造活動である。MROC傘下の多くのチームでは、毎年のように新しい踊りのレパートリーが追加され、既存のレパートリーも改良されていった。

美的価値を追求する実践は、チームのスタイルにおけるオリジナリティの確立に直結する。楽曲が選択される場合、「他のチームが使っていない」ことは重要視される。二〇一六年のO.K.G.のレパートリーには、荒井由美の《ルージュの伝言》が加えられた。荒井由美は異なるジャンルのアーティストと一般には理解されるが、メンバーのK・W氏が《ルージュの伝言》のサウンドに「オールディーズ」的な要素を見出したことがきっかけであった。このように異なるジャンルの楽曲から「ロックンロール」に使える要素を発見することは、そこにメンバーが新たに振りを付けることで、オリジナルなレパートリーを生み出すこととなる。

新たな使用楽曲やレパートリー、そしてファッションなどオリジナルな要素は、他のチームに模倣されることも珍しくない。バイタリスはチョッパーズの模倣から始まったが、独自のステップを生み出し、メンバーがガレージ・ロック(注8)を好んで聴いていたことからそれをレパートリーに取り入れるなど、オリジナルなスタイルを創り上げていった。バイタリスのスタイルは多くの「ツイスト系」のローラーやチームに模倣された。

他チームやローラーによる模倣は、概して好意的に受け取られている。キープOBのH・H氏は模倣することを「パクる」という言葉で以下のように述べている。「パクるっつうのは、かっこいいからパクんだろうよ?だったら、パクってなんぼ、パクられてなんぼじゃぁねえ?」(注9)。模倣、すなわち「パクられる」ことは、チームやローラーが試行錯誤し表現した「ロックンロール」の「かっこ良さ」が、他者から承認を得たことの確証となるのである。

サブカルチュラルな美的価値を追求する実践は、女性ローラーの参加によってさらに活発になったといえる。茨城県中央部では女性の「ロックンロール」が早い時期に途絶えたことから、女性ローラーは、男性ローラの踊りや他都府県のチームの映像を参考に、女性特有のスタイルを構築していった。当初女性ローラーはヘアスタイルを除けば男性と同じファッションにとどまらず、同じ振り付けとステップで踊っていた。結成当初からキープの女性メンバーが「フィフティーズ・ファッション」、特にサーキュラー・スカート（裾が広がると円形状になるスカート）を着用すると、ステップの踏み方が変化していった。「ステップ系」特有の外側に蹴り上げるように上げる足の動作は、時に「女踊り」と呼ばれる前側に小さく踏み出すものへと変化した。またスカートを着用したことから、回転した時にスカートが開く動作にみられるように、女性的な動作が映えるように振り付けが変化し、女性のみのレパートリーも増加した。二〇〇八年に女性のみで結成された「シェイキー」は、女性のスタイルをより発展させた。メンバーにDJやファッション関係に従事するメンバーが多いことから、従来の女性のフィフティーズ・ファッションを基盤にパンクなどの他のサブカルチュラルなファッションの要素が独自に加えられた（図4、次頁）。「ツイスト系」や「ステップ系」が使用するものに加え、マイナーなロカビリー系の楽曲も使用している。

ファッションも、美的価値の表現として重要な意味を持つ。特に、チームのユニフォームであるジャンパー、女性ローラーではサーキュラー・スカートは、チームのアイデンティティとオリジナリティを示す重要なアイテムである。こうしたアイテムの多くは、特注品である。アイテムの受注は、「ロックンロール」やサブカルチュラルなファッションに詳しいセレクト・ショップやファッション・グッズを製作する個人など、小口の生産者である。特に、茨城県中央部においては、大内

図4　シェイキー のスタイル（出所：2017年筆者撮影）

商店グループなどの水戸市のセレクト・ショップや、自身もローラーである地元のファッション関係者が主要な受注先となってきた。ジャンパーやサーキュラー・スカートを受注するのみならず、デザインの相談や、袖の幅やスカートの形態などローラーからの細やかな要望に応じてきた。大内商店グループに発注してきた茨城ジャンクスのジャンパーは、シルエットをタイトに見せつつ動作を行いやすくするため、袖や身幅がかなり細く、また腰周りにはゴムを入れ、腕の動きをスムーズにするため肩周りには余裕を持たせたデザインとなった。このように、茨城県中央部のローラーのファッション・アイテムは、それぞれのチームのこだわりを反映したオリジナルなものとなっている。

この「かっこ良さ」という美的価値を追求し実践することは、「ロックンロール」が茨城県中央部で継承される上で、最重要の課題と位置付けられている。その理由は、真正な「ロックンロール」の魅力を他者に示すことで、ギャラリーや新しいローラーを継続的に増やすことに繋がると考えられているからである。それはN・K氏が原宿時代のジャンクスに感じた経験のように、何よりも自分が目撃したチームのスタイル、またはあるローラーの「かっこ良さ」に魅了され憧れたことが、ローラーになったことの原点だからである。「ロックンロール」に抱く「かっこ良さ」という感覚は、多くの場合、地域の祭りでそのパフォーマンスを見た経験から生じている。茨城ジャンクスのリーダーであるＹ・Ｉ氏はずっとＮ・Ｋ氏の「背中を追いかけてきた」という。また二〇〇七年に作成されたＭＲＯＣの設立趣旨には「良きロックンロール」を伝えていくという目的が明示されていた。この地域で「ロックンロール」が新たな担い手を得て継承されるためには、「かっこ良さ」という美的価値の追求は不可欠な要素である。

３・３　共通性を基盤とした外部との交流の活性化

茨城県中央部の「ローラー系」は、次第に他の地域のローラーとの交流を活性化させていった。その背景には、チームのＷｅｂページやＳＮＳなどを通じたオンライン・コミュニケーションの普及がある。こうしたツールは、共通の趣味である「ロックンロール」を通じて地域を越えた交友と交流を深めていくために、積極的に利用されてきた。(注10) こうしたオンライン・コミュニケーションは、全国のローラーが集結するイベントが開催されたことの契機となるなど、直接的な交流をより活発化させた。二〇〇〇年代中盤には全国でイベントが開催され、茨城ジャンクスを中心に茨城県中央部のチームやローラーも参加した。さらにそこで生まれた関係性から、主に関東近郊で開催されるイベントにも参加するようになった。

交流の活性化を通じて茨城県中央部は、「ロックンロール」のトランスローカル（translocal）なネットワークの一つの重要な拠点となった（Hodkinson 2002）。水戸黄門祭りには二〇〇〇年代後半から東日本を中心とした他都県のチームやローラーが多数参加するようになった。二〇一五年の祭りの参加人数は二一〇名を記録し、これまで開催された全国イベントの参加人数を凌駕する規模となった。「ロックンロール」の重要な拠点となった茨城県中央部には、多くのローラーや情報が集まるようになる。「ドランカーズ」のT・U氏が述べているように、祭りに各地のチームが集まり交流することで様々な地域の「ロックンロール」の踊り方や情報を得る機会となっている。

茨城県中央部の「ロックンロール」がトランスローカルなネットワークに参入するにつれて、他の地域との共通性がみられるようになった。先述したローラーという自称は、日本の「ロックンロール」に参加しているというアイデンティティをも反映している。それに加え、全国のローラーにとって「定番」ともいえる、ノスタルジー映画のサウンドトラックにあった《グリースド・ライトニン》、《バック・トゥー・ザ・スクール》、そしてクールスの《T-バード・クルージン》などのレパートリーがMROC系のチームでも共有されるようになった。これらの定番レパートリーは、原宿で踊られていたものを、チョッパーズ／茨城ジャンクスが、踊り方をアレンジして取り入れた後、他のMROC系のステップ系チームに広がった。定番のレパートリーが共有されることで、他の地域のチームやローラーと踊る際に一体感が生まれるようになった。

一方トランスローカルな交流は、茨城県中央部における「ロックンロール」のローカリティを認

図5　水戸黄門祭りに集結したローラー（出所：2015年筆者撮影）

識させる契機となった。茨城の「ロックンロール」は祭り文脈で行われること、日本で最も多いローラー人口があること、活動以外でも顔を合わせるほど共通した生活圏の存在を背景に互助的なネットワークが機能していること、ファッションに関して「オシャレである」と評価されていること、後述するように行政との関係が良好であること、これらのことが、他地域のローラーから指摘されてきた。こうして他地域のローラーとの交流を通して、茨城の「ロックンロール」のローカリティが意識されるようになった（図5）。

MROCを中心に「ローラー系」のチームは、地域内の外集団との関係性を次第に構築していった。水戸黄門祭りの主要な主催者である水戸市観光協会（現・水戸観光コンベンション協会）や地元商店会は、一九八〇～九〇年代に許可を得ることなく場所を占拠する暴走族の「ロックンロール」と彼らの暴走に頭を悩ませてきたが、本格的な対策を打てないまま長い時間が過ぎていった。こうした状況が変化したのは、二〇〇四年に観光協会の会長が交代したことを期に、主催者側が「ロックンロール」への対策に着手したことであった。二年間かけて参加チームに誓約書と代表の連絡先を収集し、二〇〇六年に主催者は各チームの代表者を集め両者間の会合を開いた。その際、主催者側は各チームに暫定的な許可を出したが、トラブルが発生した場合、今後「ロックンロール」は一切認めないと参加チームに通達した。

主催者側からの圧力は、結果としてこれまで希薄であった各チームの連帯を促すこととなった。主催者側と交渉を行い、黄門祭りでのパフォーマンスの承認と場の確保のため、チーム同士の連携と結束をはかり「ロックンロール」を地元に残していくことを目的に、二〇〇七年にＭＲＯＣが結成された。その設立趣旨には、先述した「良きロックンロール」を伝えていくことに加え、自主ルールの制定とその遵守によって祭りの運営に協力し、「良きロックンロール」によって祭りを盛り上げ地域の活性化へ貢献することが明示されていた。

以降ＭＲＯＣと主催者側は、黄門祭りにおける「ロックンロール」のあり方をめぐり衝突しながらも、地道な話し合いを継続することで、相互の信頼関係を構築してきた。その結果、清掃などの地域のボランティア活動、福祉イベントや地域イベントでの出演の依頼など、「ローラー系」チームが地域の社会活動に参加する機会が徐々に増えつつある。

ＭＲＯＣと主催者側との関係性の深化の過程において見逃せないのは、両者の共通性を確認したことである。一つは、主催者側がローラーを、逸脱した存在から社会的責任を果たす同じ大人として認識し直したことである。MROCの各チームは「社会人の集まり」であることを重要視している。二〇〇九年より統括となったH・H氏が、「オーナーズの重みを理解できる」ことがその加入条件であると述べる。「重み」とは、ローラーは「昔（暴走族時代）とは違う状況であること（を理解し）、それに従って大人として自覚ある行動を心がける」ことができることとしている。(注11) 先述した「趣味」となった「ロックンロール」には、こうした「大人」の活動としての意味が含まれている。商店会のメンバーがあるローラーが経営する会社に仕事の依頼をしたことは、両者が「大人」としての信頼関係によるものであることを示している。

もうひとつの共通性は、ポピュラー音楽の趣味である。主催者側には、ロックンロールを愛好するメンバーが少なからずいる。黄門祭りの主催者で中心的な役割を果たしてきたA・O氏は、「ステップ系」の「ロックンロール」を好意的に捉えている。その理由は「ステップ系」のチームが使用するオールディーズの楽曲はA・O氏が若い時期に好んでいたものであったからだ。一方、祭りの警備を行う警察関係者は、「ツイスト系」を好意的に捉えていた。取締に当たっていた、ある警察関係者は若い時にキャロルや矢沢永吉のファンであり、祭りでは警備のかたわら「ツイスト系」のチームの「ロックンロール」に見入っていたという。また、主催者側で交渉の中心的役割を長年担ってきたT・K氏は、若い頃にはエルビス・プレスリーやキャロルなどロックンロールを好んで聴いていたという。このように、ポピュラー音楽が脱文脈的に媒介されている事実は、異なる理解や意味を付与されながらも、趣味の共通性によって、サブカルチャー集団と外部者との良好な関係を構築する上で重要な役割を果たすといえるだろう。

おわりに

これまで茨城県中央部の「ロックンロール」を事例に、サブカルチャーが地方でローカル化しながら継続性を持った「もう一つの地域文化」となる様相を検討してきた。一九五〇年代アメリカ合衆国からグローバル化したロックンロールおよびファッションの再文脈化とその脱文脈化のプロセスのなかで、一九七〇年代半ば東京で誕生した「ロックンロール」は、「ツッパリ・ブーム」にのって非エリートのサブカルチャーとして一九八〇年前後に全国に広まった。

当初は東京発の流行のキャッチ・アップであった茨城県中央部の「ロックンロール」は、暴走族などの「ヤンキー」集団が衆目を集めるための手段として、長期に亘って地元の不良少年の上下関係を基盤に地域的に継承される過程で、他のサブカルチャーの要素が混交され、現在は「ロック」と呼ばれる極度にローカル化したスタイルに変化した。一方このローカル化に対抗し「ロックンロール」の真正性を重要視する「ローラー系」においても、その「かっこよさ」を多様な要素を取り入れながら表現してきたことで、スタイルのローカル化が進むこととなった

この混淆を通じた「ロックンロール」のローカル化は、消費社会においてサブカルチャーが多様

化しその市場が細分化したことと無縁ではない。遠藤知巳は全体を見渡すことが困難なほど、多様で小規模なニッチ市場を基盤とする趣味やライフスタイル（サブカルチャー）が、ある種の序列を失う中で生じる横並び状態と、それらへ簡単にアクセスできる現在の状況を「フラット・カルチャー」と呼んでいる（遠藤［編著］2010）。このフラットな状況は、他のサブカルチャーの要素を選択的に流用することを容易にしているといえるだろう。

さらに「フラット・カルチャー」という状況は、サブカルチャーの存立基盤をも提供している。序列を失った価値の横並び状態は、一九八〇年代「ロックンロール」が流行した際に存在した大都市への文化の中心／周縁という構造を相対化したといえる。「ロックンロール」は、茨城県中央部において、それを趣味として選択した人々がローカルかつ相対的に自律性を持った文化実践として継承されることで、「キャッチ・アップの欲望」から解放された。現在でも原宿は象徴的な場所として位置づけられているが、最も多くのローラーが集まるのは水戸黄門祭りであり、またその人口も他の地域を圧倒している現状をみれば、東京の圧倒的な中心性は希薄化している。また、ファッション面における、地元のセレクト・ショップに代表されるファッション関係者の関与にみられたように、茨城県中央部の「ロックンロール」は、ローカルな供給が重要であるサブカルチャーとして存立しているといえるだろう。

茨城県中央部における「ロックンロール」の隆盛は、トランスローカルなネットワークが構築されたことと無関係ではない。いうまでもなく水戸黄門祭りに多くのローラーが集まるのは、こうしたネットワークが確立したからである。ホドキンソンは、サブカルチャーのトランスローカルなネットワークが、サブカルチャーの価値や趣向の一貫性を生み出す一方、地域ごとのローカリティをより明確化させると指摘している（Hodkinson 2002）。他地域のローラーやチームとの交流は、「ローラー系」の「ロックンロール」におけるローラーという自称や定番レパートリーの採用のように、「ロックンロール」におけるナショナルな共通性を持つようになった一方で、茨城県中央部のローラーにそのローカリティを自覚させることとなった。

ローカリティが再帰的に自覚されたことは、「ロックンロール」のアウラ的価値へと結実する。このローカリティは、いうまでもなく茨城県中央部で「ロックンロール」が継承され展開されてきたことによって形成されたものである。「ロックンロール」の「かっこ良さ」という美的価値をローラーたちの協同的な文化実践は、社会関係的価値のみならずその模倣的な実践と新たな参入者を生み出していった。この美的価値の追求と連鎖的な模倣によって生み出されるサブカルチュラルな集合性を「ミメーシス的共同性」と呼びたい。文化実践を通じてこの美的価値を創出するためのミメーシス的共同性が長期に亘って茨城中央部という限られた地域で継続してきたことが、茨城県中央部の「ロックンロール」を「もう一つの地域文化」と呼ぶにふさわしいサブカルチャーにしてきたといえる。

サブカルチャーが継続性を持った「もう一つの地域文化」となるには、文化実践を行うための安定した場が地域内に必要となってくる。祭りという場は、主催者という他者が管理運営していることから、そこでの実践はこの他者からの理解と承認が不可欠となる（山口2002）。ＭＲＯＣの設立を契機に主催者との交渉が継続したことで、かつて没交渉的であった両者の相互理解が進み信頼関係が生み出された。相互の関係性を深めた要因の一つとして、両者に共通する音楽趣味があったことは重要である。サブカルチャーおよびその資材の脱文脈性は多様な人々に消費される結果、異なる経験や意味を生み出すが、脱文脈化するがゆえ多くの人々に共有されるという状況は、対立する人々を結び付ける要因となった。その結果、主催者の「ロックンロール」に対する好意的な態度が形成され、場の存立基盤が安定化することにつながった。

消費社会において自由な選択の対象となるサブカルチャーが、「もう一つの地域文化」として地方で継承される基盤は、伝統文化と比べるとはるかに脆弱なように思われる。茨城県中央部の「ロックンロール」も、絶え間ない脱文脈化と再文脈化のプロセスによって一時的に現れたものに過ぎないと考えた方がよいかもしれない。しかしながら、サブカルチャー、さらには文化の脱文脈／再文脈性という動態性を経験的に注目することは、文化と地域社会に関する研究を深化させていくうえで、重要な視点を提供するものとなることは間違いない。

付記　本稿は、大山（2018）を改稿したものである。なお、所属等は二〇一八年時点のものである。

注

（1）一般には県央と県北と呼ばれる地域の一部と重なりあう。しかし、「ロックンロール」の地域的な分布をみると、県央を越えた水戸市を中心とした半径30km圏内に集中していたことから、この名称を使用している。

（2）一九四〇年代末イギリスで展開した労働者階級の若者サブカルチャーである。一九五〇年代中盤からはロックンロールを愛好した。一九七〇年代初頭にリバイバルした。

（3）一九九九年七月二四日インタビューより。

（4）Electric Dance Music の略称である。なかでもトランス系の楽曲が使われることがあるが、その背景にはトランス系のイベントにも参加する若者が存在していることがある。

（5）クリプトン・フューチャー・メディアから発売されたボーカル用ソフトウェア・シンセサイザーとそのキャラクターである。このソフトを利用して作成された楽曲一般を示す意味もある。

（6）「ツイスト系」の基本となる「2ステップ」の別称で、軸足にもう一方の足を後方に組んでツイストする際、下半身が三角形になることにちなんでつけられた。

（7）二〇〇八年八月二四日W・T氏との会話より。

（8）ロックのサブジャンルで、比較的単純なサウンドが特徴である。サウンド上ロックンロールとの共通点が多く、多くのバンドが商業主義的ではない。

（9）二〇一三年七月一二日H・H氏へのインタビューより。

（10）SNSは茨城県中央部でもローラーやチームと交流する手段として利用される。またSNSを通じてチームに加入したことも数例ある。

(11) 二〇一〇年三月一四日H・H氏へのインタビューより。

第7章　音楽を展示する空間の持続可能性

——日米のポピュラー音楽系博物館等の事例から

山田晴通

はじめに

私たちは音楽を聴くとき、純粋に「音」を聞いているわけではない。もう少し敷衍するならば、私たちは、「いま耳にしている音」の経験だけによって感情を動かされるわけではないし、もちろん、単純に「音」の経験だけによって感情を動かされるわけでもない。

同じ音楽を聴いていても、一人ひとりの聴き手は異なる聴取経験の蓄積を持っており、音響としては同一の音源であっても、それが聴き手にもたらす印象は異なる。同じ楽曲を聴いても、そもそものジャンルに馴染みがない人、ジャンルへの馴染みはあってもその楽曲については知らない人、その楽曲をすでに知っている人、その楽曲に何らかの記憶なり特段の思い入れがある人、これらの人たちにはそれぞれ響き方が異なる（山田2003: 20-21）。

こうした聴き手と音との関係は、ポピュラー音楽に限らない。それは、私たちが音楽を単純に「音」として享受しているのではないことを経験的に知っていることからもわかるだろう。旋律にはしばしば歌詞が伴うし、歌詞のない器楽曲であっても曲名はしばしば文学的に付けられる。聴き手は、そうした文字情報を頼りに楽曲の意味を引き出していく。言語が了解される場合であれば、歌詞の内容を理解しようと耳を傾けることもあろうし、断片的にだけ了解される母語ではない言語を手がかりに、勝手に内容へのイメージを膨らませることもあろう。歌詞の内容に明確なメッセージを盛り込むというアプローチは確かに存在するが、文学作品としての歌詞は常に多様な解釈に開かれている。だからこそ、多くの作詞家たちは、しばしば曖昧な歌詞を提示することで、多様な聴き手からそれぞれに異なる共感的な解釈を引き出そうとしているのである（山田 1999）。

いや、歌詞の意味などほとんど気にもかけない聴き手もいる。ある種の音楽の聴き手にとっては、作詞家、作曲家、演奏者・歌手など作品の創作に関わる人々の伝記的な物語、ヒューマン・インテレスト、あるいは、アーティストのパブリック・イメージこそが感情を動かされる根源的な要素なのかもしれない。好きなアイドルの楽曲を聴いて感涙を流すのであれ、大作曲家の作品と知らされているから素晴らしいと思うのであれ、そこには音楽それ自体とは無関係な情報によって、予め感動に結び付く構造が用意されていることになる。〝そんな感動はまやかしだ〟と批判したところで、聴き手である当事者たちがその音楽に感動しているのであれば、少なくとも彼らの主観の上では、そのまやかし、事前に（あるいは事後に）与えられる情報こそが、生々しい感動を生む源泉かもしれない。

ポピュラー音楽の事例を考察していく上で、音楽そのものが重要であることは否定できないとしても、それに付随する多様な文化的要素が複合的に作用して、聴き手の感情を揺さぶるという観点は欠かせない。というのもポピュラー音楽は、商品として社会に流通することを目的に生み出される音楽であり、売れるための手段として、音楽そのものの魅力だけでなく、他のありとあらゆる手段が動員されてプロモーションが展開されるからである。ポピュラー音楽の個々の作品について、

「つまらない」とか「下手くそ」だと批判することに大した意味はない。ポピュラー音楽を生産、供給する側は、そこに身を置く個々人の意識は別として、総体としては「売れる」ことを目標としているのであって、作品が凡庸な紋切り型であろうが、演奏が下手であろうが、そこに何らかのマジックなりトリックがあって、商品が売れれば勝ちなのである。もちろん、同じ構図が、広義のクラシック音楽の世界にもあることは、『交響曲第1番「HIROSHIMA」』の事例や、クラシック音楽界における評価とコンテンツの売り上げにギャップがある作曲家や演奏者を想起すれば了解されることだろう。

ポピュラー音楽を、たんなる音楽の一分野、ひとつの形態としてではなく、音楽を中心に置きながらも、文学、政治、風俗などに広く関わる複合的な文化現象として捉え、それが経済活動に繋がっていることに注目するならば、ピュラー音楽には、「音」そのもの以外の、多様な「モノ」が、重要な要素として関わってくる。そこには、「音」と同じように、本来は抽象的な「ことば」である歌詞や、アーティストのステージ・トーク、あるいはメディアへの露出時の発言といった「ことば」によって紡がれる物語や思想、あるいは意図せず反映される時代性のように、具体的な形のないものも含まれる。しかし、「音」にせよ、他の抽象的な要素にせよ、それらはやはり具体的な「モノ」によって支えられている。アーティストが使用した機材や衣裳から日用品まで、様々な一点物はもちろん、シリンダーからディスク、デジタルにいたる録音物、歌詞が記された出版物など、量産される「モノ」も、しばしばフェティシズム（物神化）の対象にもなる。

複合的な文化現象としての音楽が、多様な「モノ」によって支えられているという事実は、ポピュラー音楽という一過性が強調される流行現象をめぐる様々な文化実践の記録と記憶を、「モノ」の展示を通して固着させ、一定の永続性を与える道が拓かれ得ることを意味している。そこに生み出されるのが、音楽博物館など、音楽に関する様々な形態の展示施設である。

そのような展示施設は、どのような社会的営力によって、ゼロから創設されるのか、一度成立した施設はどのように支えられて維持されるのか、あるいは、支えを失って施設が失われていくのか。そのような問いかけに繋がる、展示施設のサステナビリティ（持続可能性）について、本章では音楽に関する博物館等の展示施設、特に日米のポピュラー音楽関係の博物館なり展示施設なりを念頭に考えていく。その上で、流行現象から出発して永続的な文化実践へと至るようなポピュラー音楽文化の展開を経て、具体的に成立する展示施設がどのような姿をとるのかを検討する。

1　展示施設を成立させるもの

そもそも博物館のような展示施設を成立させるためには、何が必要であろうか。経営学では、何らかの事業を成立させるために必要な経営資源を「ヒト、モノ、カネ、情報」などと整理する。この整理には多少のバリエーションもあるが、ここでは最も単純に「ヒト、モノ、カネ、情報」を博物館に当てはめてみよう。

〈ヒト〉は学芸員に代表されるスタッフ、とまず考えることができる。日本の場合、博物館法上の登録博物館は別として、博物館学芸員の有資格者がスタッフに存在しないような展示施設も少なくないのが実際のところであるが、ともかくも一定の専門知識をもって施設運営の中核を担うスタッフが必要だという、ごく当然のことを確認しておく。

次に、〈モノ〉としては、展示物と、それを展示する空間としての展示施設が必要である。ここで、音楽博物館などにおける展示物には、典型的なモノばかりでなく、〈情報〉と見做すこともできる音そのものが含まれることに注意しなければならない。それ以外の様々なモノは、展示物としての性格から、いくつかの範疇に分類した上で取り扱いを検討していく必要がある。同様に、モノを収める〈ハコ〉としての展示施設も、その建造物としての性格によって分類した上で検討しなければならない。

〈カネ〉は施設の建設にも、維持にも欠かせないし、場合によってはモノである展示物の収集、収蔵品の拡充のためにも必要となる。資金を提供する主体は、本人、家族（遺族）、所属企業などのほか、熱心な個人ファン（エンスージアスト）、ファン・クラブなどのファン組織などもあり得るし、より公的な性格を帯びた業界団体や、地方自治体などの公共団体が関わる可能性も考えられる。

最後に、やや曖昧に〈情報〉としてまとめられる、音楽や映像のコンテンツ、説示型展示のコンテンツなどは、顕彰されるアーティストの現役時の所属企業などが協力することで取りまとめられることが必要となってくる。近年、権利関係ビジネスがいよいよ重視されるようになるにつれて、博物館等の展示施設であってもコンプライアンス上のデリケートな問題に関わらざるを得なくなっていくものと思われる。

規模の大小を問わず、音楽に関わる博物館等の展示施設は、以上のような〈ヒト、モノ、カネ、情報〉の四要素が揃って初めて成立する。こうした経営資源に着目した整理を、さらに音楽博物館の特性に引き寄せてアレンジするならば、〈モノ〉の部分を細分化させて、「ヒト、音、展示物、展示施設、カネ、情報」といった六要素に置き換えることができる。以下では、このうち〈ヒト〉を最後に回して〈情報〉とともに検討することとし、「音、展示物、展示施設、カネ、情報・ヒト」の順に、音楽を展示する空間がどのように支えられているのかを考えていく。

2 〈音〉をどう展示するのか

音楽を主題とする博物館の展示で、通常の博物館と最も異なってくる要素は、音そのものの展示である。前述のように、私たちが音楽に接する喜びが純粋に音の経験「だけ」に依拠するものではないとしても、音楽そのものが展示の中に組み込まれていなければ、その博物館の魅力は減殺される。

厄介なことは、一般的には博物館等の展示施設では、たとえば見学ツアーのガイドの声などを別にすれば、無音ないし静寂が前提となっている場合が多いという事実である。美術館などはもちろん、動物園や水族館、植物園の類でも、やたらとBGMが流れるといったことはない。これは、同じく家族連れで出かけそうな場所であっても、たとえば遊園地やショッピング・センターなどとは大きく異なる点である。

比較的規模の大きい音楽関係の展示施設では、音響環境の設計は非常に慎重に行われる必要がある。比較的小さな展示室を、必要な音で満たしつつ、入退室の障害とならないことも考慮しながら外への音の漏出を抑える、といった工夫が様々な形で必要になる。

加藤修子（2002: 4-5）は、博物館における「音の展示」を検討する中で、「音をテーマとした展示」について、「音そのものを聞かせる方法が重要であり、難しい」とし、「同時に複数の作品を流すことが困難」な音の展示は、「時間をずらして定期的に一つずつ音を流すか、イヤーホーン等の装置を使って、一つの音が別の音と混在しないよう配慮することが必要となる」と指摘している。

博物館の展示は、ゆっくり歩いて移動しながら、見ているだけである程度のことが分かる、というのが理想的な在り方である。そのような意味では、どこかに長く立ち止まることを強いられたり、ヘッドホンなどの装置を着脱するといった手間はない方が良い。しかしながら、音の展示においては、それはなかなか難しい。

多くの音楽博物館等の展示施設では、伝統的に、自由見学よりもツアー方式が重視されているが、これはツアーによる見学を前提とすれば、その都度、焦点を当てる音だけを聞かせることによって、音の輻輳を回避できるからである。日本国内でも各地にあるオルゴール博物館の類は、国内外を問わず、その典型的な事例であり、こうした施設では、ある程度以上の大きさで音が出る展示品は観覧者が自由に操作することは出来ず、一定の時間に行われるツアーの中で、動態保存されている大小様々なオルゴール（ないしは、それに準じた自動演奏機械）が演奏される。特に、小規模な施設の場合、あるいは中規模以上施設であっても、例えば本場オランダのユトレヒトにある、教会跡の建物を転用したオルゴール博物館（Het Museum Speelklok：一九五六年開館、一九八四年に現在地で開館）のように、展示室がひとつの大きなホールのような形状になっていれば、大型のディスク・オルゴールや、オーケストリオンのような自動演奏機械の音が、館内全体に響き渡ることになる。また、東京の民音音楽博物館のように、ツアーの中で案内者が展示品である古楽器（歴史的価値の高いピアノ）を本格的に演奏してみせるという例もある。

ツアーのような形で、展示空間に流れる音を時間でコントロールする方式は、観覧者の自由な見学を重視する施設には馴染まない。そこで、何らかの形で、流れる音を空間的にコントロールする方式が必要になる。たとえば、テネシー州ナッシュビルのカントリー音楽の殿堂博物館（Country Music Hall of Fame and Museum：一九六七年開館、二〇〇一年に現在地で開館）では、展示パネルの前に立つと頭上から下に向けて設置された指向性の高いスピーカーから、その展示に関する音源が流れ、ほんの一メートル離れただけでほとんど聞こえなくなるといった仕掛けが多用されている。

固定された再生装置とヘッドホンを用いた展示は、もっぱら音楽だけを流すもの、映像を流すものを含め、多くの施設で採用されているが、実際の利用に際して抵抗を覚える利用者もいるのではなかろうか。さらに、一度に使用できる観覧者の適切な数をどのように設定するかは難しい問題である。とりあえず音源（しばしば映像も伴う）のデータベースと、モニターやヘッドホンを用意したブースを設け、コンテンツをオンデマンドで引き出し、インタラクティブに操作してもらおうというコーナーは、少数の、より深く学びたい観覧者向けに用意されるべきものであり、展示施設よりは図書館の一角にこそ相応しいようにも思われる。観覧者の多数を占めると思われる、ゆっくり歩いて見て回り、興味を引く少数の展示物だけをじっくり見る者たちにとっては、あまり活用できない装置ではないだろうか。

その意味では、音声ガイド機器の活用は、特に観覧者の自由な見学を前提とする場合に有効な手法である。たとえば、テネシー州メンフィスのロックン・ソウル博物館（The Memphis Rock 'n' Soul Museum：二〇〇〇年開館、二〇〇四年に現在地で開館）では、展示品の番号にしたがって機器を操作すると、それについての音声による解説だけでなく、ラジオ放送の断片などアーカイブ的な音源が盛り込まれている。興味深いことに、年代別のテーマで整理された展示室ごとに、順路の最後、つまり展示室の出口付近にそれぞれの時代の特徴的なジューク・ボックスが展示されており、その前に立って、手元の機器を操作すると、あたかもジューク・ボックスを操作したかのように楽曲を選んで聴くことが出来る。観覧者の中には、何曲も聞き続けているのか、ジューク・ボックスの前で立ち尽くして動かない者も少なくない。

最近では、QRコードなどを活用し、いちいち音声ガイド機器をその場で借りなくても、自分の携帯電話とイヤホンで同様のサービスが受けられる仕組みが普及し始めているが、今後はこうしたサービスを、よりストレスなく提供できるようにする方向が模索されることであろう。

さて、実際の展示施設で多く展示されている音、流されている楽曲なり演奏は、コンテンツとしては既になんらかの形でCD化されているような、ありふれた音源である場合が多い。もちろん、特に民族音楽学的な関心から収録されたような音源などでは、一般には入手できない音源が使用されている場合もあるが、大きな比重を占めるのは、その場所でなくても聞くことが容易にできる類の音源である。そもそも、その音源が展示の中で繰り返し反復再生されるということは、それが既に複製物、データとして存在しているということであり、実際に商品として市場に流通していないとしても、潜在的な商品化の可能性、すなわち商品と共通する性格を帯びていることを意味する。

比較的規模の大きい音楽博物館などでは、ライブ・パフォーマンスが可能な施設が併設されていることが多いし、逆にホールや劇場などに小規模な展示施設が併設されている例もよくある。さらに、小規模な展示施設においても、しばしば何らかのライブ・パフォーマンスが行われることがよくある。こうした実践の背後には、複製された音の展示を補う形で、生の、その場限りの音を展示するという意図が働いているものと考えることができよう。

3 〈音〉以外の何を展示するのか

山田（2011: 166-174）では、音楽系の展示施設における音そのもの以外の〈モノ〉としての展示物について、これを①一次資料か、二次資料か、また、一次資料については、実物か標本か、②ミュージシャンなど特定の人物や歴史的イベント等、固有名詞で捉えられるものとの関わりが、どの程度まで資料価値に寄与しているか、という二つの観点から整理した。ここでは、その全面的な再述は避け、その先で考えられる論点を検討したい。

音楽博物館なり展示施設の中には、まず展示のコンセプトが先にあって、展示すべき品々の収集が取り組まれる場合もある。たとえば、一九六九年のニューヨーク州サリバン郡ベセルで開催されたウッドストック・フェスティバルの会場跡地に二〇〇八年に開館したベセルウッズ芸術センター博物館（Bethel Woods Center for the Arts）は、その立地の真正性を背景に、「収集する博物館（collecting museum）」であることをコンセプトとして開設されており、展示品の多くが企画段階における呼びかけに応じて寄贈ないし寄託されたものとなっている。つまり、最初期の開館の時点以来、収蔵品は拡充を続けており、展示品も、質量ともに、より真正性が高いものへと改善が重ねられている。

米国では、日本との税制上の相違もあって、寄付の文化が発達しているとされるが、それは金銭にとどまらず、モノについても同様であり、個人が所有する様々なモノを当人の死後に処分する方策の選択肢のひとつとして、またそのモノを永続的に保全する方策として、公共性のある組織への寄贈（遺贈）が重要な役割を果たしている。たとえば、多くの公共図書館や大学図書館が特色のあるコレクションを構築して広く宣伝するといった取り組みをしているのも、こうした背景の中で多くの価値あるモノを集めようとする取り組みの一環なのである。特色ある性格の博物館を立ち上げ、広く寄付、寄贈を呼びかけるという動きがあれば、それに応じてモノとしての展示物が集まるという土壌が米国にはある。日本でも、たとえば、群馬県渋川市の日本シャンソン館（一九九五年開館）には、同様の側面があり、創立者であったシャンソン歌手の芦野宏の所有物や関連資料を展示の軸にしつつ、多様な資料が、寄贈、寄託されて展示品が充実してきた経緯がある。

しかし、実際のところ、日本の、特に比較的小規模な展示施設の場合には、遺族など当事者に近い関係者に遺された多様なモノを永続的に保全する方策として、展示施設が着想されることが多い。つまり、そのままでは曖昧に処分されて散逸するか、あるいは失われてしまう可能性が高いまとまった量の資料を何とかしたい、という思いが誰かを突き動かし、展示すべき、あるいは保全すべきモノが先にあって展示施設が後から構想されるのである。たとえば、群馬県館林市のダークダックス館林音楽館（二〇〇八年開館）は、メンバーのひとり佐々木行が一九九七年から闘病生活に入って四人での活動ができなくなった後、事務所で保有していたグループの関係資料、特に楽譜類などが散逸することを恐れたメンバーたちが永続的な資料の保管場所を求めて各方面に働きかけたことを受け、ある後援者が用地を確保して開館に漕ぎ着けたものである。
遠藤実記念館「実唱館」（一九九四年開館）は、遠藤が少年期を過ごした場所から十キロメートルほど離れた現在の新潟市西蒲区の一角にある。この施設は遠藤が存命中に開館しているが、二〇〇八年に遠藤が死去した後、展示内容は更新と拡充が進められた。ここには、生前の遠藤の身近にあった多様なモノが、音楽との関係は希薄に思われるようなものも含め多数展示されており、たんに遠藤が作曲した音楽作品を伝えるという展示ではなく、ひとりの人間としての遠藤実が、生々しく、ある意味ではドロドロとした情念のようなものも含めて伝わってくるような迫力のある展示になっている。

個人を顕彰するタイプの小規模展示施設の場合、レコードや楽譜などと並んで展示物の中で定番となっているのが、賞碑、賞状、勲章の類である。特に歌手などの場合は、マネキンやトルソーを使って展示された舞台衣裳類も定番である。さらに、当人が使用していた楽器類など音楽活動に直結した品々や、音楽とは無関係な日用品なども、その由来とともに展示されていることがよくある。これらは一点物であり、一次資料の中でも複製ではない実物であって、「高い真正性、正統性をもち、そのミュージシャンのファンにとっては展示的価値を超えた礼拝的価値をも感覚させるもの」であり得る（山田 2011: 167-168）。

これらは、当事者の存命中であれば、当人が所有しているか、所属事務所などが管理しているものであるが、当事者の没後や、晩年を迎えた当事者が没後に向けた永続的な保全を考えるようになれば、展示施設の開設が企画される契機となる。たとえば、山口県周防大島町の星野哲郎記念館は、星野の存命中の二〇〇七年に開館し、その際には本人も式典に参加したが、その展示コーナーのひとつは、開館当初から夥しい数の賞碑、賞状によって埋め尽くされていた。

翻って、米国では、顕彰される対象となる当事者の側ではない、ファン、ないし、エンスージアストと呼ぶべき個人コレクター（たち）が構築したコレクションを核として成立している例もある。たとえば、アラバマ州モンゴメリーのハンク・ウィリアムズ博物館（The Hank Williams Museum：一九九九年開館）は、遺族の承認を受けた上で開設、運営されている施設であるが、基本的にはエンスージアストたちのボランタリーな活動によって支えられている。この施設の展示の核は、ハンク・ウィリアムズが死亡した時に乗っていたキャデラックの実物であり、「ファンにとっては展示的価値を超えた礼拝的価値を感覚させるものであろう」が、他の展示物の多くは、あるいは量産された、あるいは手作りの、ファン視線に基づくメモラビリアの類である（山田 2011: 168-169）。

日本の場合、特定の人物を顕彰する施設で、こうしたファンの個人コレクションに依存している例は乏しいが、少し対象を広げると、オルゴール博物館として唯一の博物館法上の登録博物館となっている、西宮市の堀江オルゴール博物館（一九九三年開館）の例がある。これは、実業家であった堀江光男が構築した個人コレクションを、その没後に、自宅だった建物を改装した博物館で公開しているという稀有な事例である（山田 2013: 4）。

4　展示空間をどう確保するのか

ポピュラー音楽系の音楽博物館やそれに準じる展示施設について、様々な事例を立地という観点から検討すると、米国と日本では施設の立地に大きな相違が見出される（山田 2013）。米国の場合は、展示と関連性のある既存の建造物を利用する展示施設が多く、新たにパーパスビルトの展示施設が建設される場合も、少なくとも都市レベルでの真正性が担保されている（山田 2012: 32-38）。これに対して小規模施設が多い日本の事例では、出身地等の縁故地へ立地する例もあるものの、米国では例外的であった「都市」を単位とする限りで正統性が担保されている事例や、米国では類例のない縁故地以外へ立地する事例が多数を占めている（山田 2013: 8-14）。

米国では、レコード会社の施設やスタジオ、あるいは関係者の旧宅などが、そのまま転用されたり、移設や再建、復元を経て、真正性の高い展示施設となっている例が多いのに対して、日本ではそうした事例は少ない。古賀政男やサトウハチローの場合、没後しばらくの間、旧宅がそのまま記念館として運営されていたが、それぞれの経緯から元々の居宅は失われた。古賀政男の場合は跡地に現在の古賀政男音楽博物館がパーパスビルトで建設され、立地の真正性は残されたが、サトウハチローの場合は施設自体が北上市へ移転し、跡地は売却されてマンションの用地となった。いずれの場合も、後身の展示施設の一部には、旧宅の部材なども用いることによって、かつての居住空間、創作空間を再現する展示が組み込まれている。

米国には類例がなく、日本の事例で散見されるのが、建物自体に一定の文化財的な価値が見出され、登録有形文化財に指定されるなど何らかの保存策の対象となっている既存の施設に、展示施設が入るといった例である。いわき市の野口雨情記念湯本温泉童謡館（二〇〇八年開館）は商工会議所支所、柳井市の松島詩子記念館（二〇〇〇年開館）を施設の二階に組み込んでいる柳井市町並み資料館は旧・周防銀行本店、唐津市の村田英雄記念館（二〇〇四年開館）は旧・佐賀銀行相知支店を改装したものである。村田英雄記念館の建物の中央部にあるカラオケを備えた「音響室」は、形状から金庫の跡であることが明らかである。こうした施設では、もともと音楽とは無関係な建物自体が、一定の価値のある展示物であり、それについての解説展示も併せて行われている。藤原義江記念館（一九七八年開館）は、藤原のスコットランド人の父ネール・ブロディ・リードが関係していた英国系商社ホーム・リンガ商会の関係施設として一九三六年に建設された初期のコンクリート造の洋館の一部を利用して設けられているが、その建設時期は父リードの没後であり、施設としては藤原との関係はない。

以上の例は、赤間神宮の所有となっている藤原義江記念館を除き、何らかの形で地方自治体などの公的所有ないし管理下に置かれている。自治体の立場からすれば、保存されるべき文化財建築としての建物の管理と、展示内容の管理を一括して行えるという意味において、このような形態は一石二鳥なのかもしれない。同様の事情から、パーパスビルトの公的な施設の中に、小規模な展示空間を組み込むという例もいろいろある。現在は大垣市の一部となっている旧・上石津町に建てられた日本昭和音楽村江口夜詩記念館（一九九四年開館）は、施設の中で大きな比重を占めているのはホール（水嶺湖ホール：二四九席）やスタジオであり、市街地から離れた山間地で宿泊施設を併設し、音楽合宿などに利用されている。父子ともに作曲家であった江口夜詩・浩司に関する展示は、ホールのロビーになっているホワイエの一隅に「江口夜詩メモリアルコーナー」として配置されているだけである。丘灯至夫記念館（二〇一一年開館）が組み込まれている福島県小野町のふるさと文化の館は、図書館や美術館、郷土資料館などが一体化した複合施設である。また、星野哲郎記念館も、建物としては周防大島町役場東和総合支所と一体として設計されている。

5　誰が〈カネ〉を出すのか

展示それ自体が、一種の営利事業として成立するような場合、すなわち、入場料収入や、付随する物販の売り上げによる収益などによって、運営経費が賄われるような状況があれば、その展示は自ら〈カネ〉を稼ぎ出していると見ることも出来るかもしれない。

エルヴィス・プレスリーの住宅跡がそのまま丸ごと展示施設とされているテネシー州メンフィスのグレイスランド（博物館としての開館は一九八二年）は、観光地として今日でも人気が高く、十二分に営利的に運営が可能な事例といえる。プレスリーの遺産管理財団である The Elvis Presley Trust は、傘下に営利企業としての Elvis Presley Enterprises, Inc. を構え、グレイスランドを運営しながら、周辺の隣接地を確保して新たな展示施設を追加するなど規模を拡大させ、グレイスランドを、いわばテーマパークとして拡大再生産してきている。

生前のプレスリーも、一九六〇年代半ばにツアー公演を行わなかった時期に、所有する自動車のコレクションを各地で巡回展示するという企画を展開し、多くの来観者を集めていた。今もグレイスランドの一角には、車のコレクションを展示する専用の施設が構えられている。

日本でも、現役のアーティストに関する何らかの展示が事業として展開される例がある。たとえば、二〇一三年に横浜、大阪、名古屋、仙台と巡回した「サザンオールスターズ ピースとハイライト展」は、新曲《ピースとハイライト》のプロモーションの一環として展開され、入場無料であったが、会場限定発売のグッズを求めるファン多数が詰めかけた。あるいは、宝塚劇場であれ、AKB48劇場であれ、常設のパフォーマンス空間に接続するロビーなどに何らかの展示が用意されている場合も、限界的な形ながら、現役のアーティストたちに関する展示の一形態と捉えることも出来るかもしれない。

所属事務所など、営利的性格の事業体が直営する展示施設は、展示それ自体が資金を稼いで施設を存続させていると考えることも出来る。北島音楽事務所が運営する函館市の北島三郎記念館（二〇〇二年開館）はそのような形態で比較的長く存続している例である。

しかし、展示それ自体が、施設の存続に十分な資金を稼ぎ出すという事態は、実際には極めて例外的である。石原裕次郎記念館（小樽市：一九九一年～二〇一七年）、ジョン・レノン・ミュージアム（さいたま市：二〇〇〇年～二〇一〇年）、hide MUSEUM（横須賀市：二〇〇〇年～二〇〇五年）、また、北島三郎記念館と同じ建物内にあった Art Style of GLAY（函館市：二〇〇三年～二〇〇七年）などは、いずれも永続しなかった。美空ひばりを顕彰する独立した営利的施設として京都市嵐山に設けられた美空ひばり記念館（一九九四年～二〇〇七年）は、当初は多くの来館者を集めたものの、経営難から二〇〇七年にひばりプロダクションに経営権が移り、京都嵐山美空ひばり座（二〇〇八年～二〇一三年）に「リニューアル」された。しかし、その経営も行き詰まり、その後は展示の一部を東映太秦映画村としてテーマパーク化されている東映太秦撮影所内に移設し、京都太秦美空ひばり座（二〇一三年開館）として辛うじて存続している。

展示自体が、存続に必要な資金を稼げないのが普通なのであれば、展示施設が成立し、また存続するためには、採算性なり、営利性とは無関係に、そこに〈カネ〉が流れ込む仕組みが必要である。たとえば、作詞家、作曲家の場合、その死後にも一定の間、著作権に基づく印税収入が発生する。その一部が、事実上の遺産管理財団に入るような仕組みが作られれば、少なくとも当人の没後数十年（現行制度では七十年）にわたって、相当の印税収入が入り続ける可能性がある。見込まれる印税収入の額によっては、遺族が直接印税を受け取るよりも、収入をいったん財団に入れてプールし、遺族は役員報酬を受け取るといった工夫をする方が、税務上相当に有利になる場合もある。そのような役割を担う財団は、一般財団法人であっても、一定の公益性を謳う必要がある。遠藤実記念館「実唱館」を運営する遠藤実歌謡音楽振興財団は、開館と同年の一九九四年に財団法人として認可を得ている。その公式ウェブサイトには「当財団は、歌謡音楽に関わる人材の育成や遠藤実記念館（実唱館）の管理・運営などによって歌謡音楽の普及及び向上を図るとともに、歌謡音楽を通じての国際交流を行い、もって我が国音楽文化の発展に寄与することを目的とします。」と謳われている。

永続的にその施設が維持され、また、対象となる人物の顕彰事業が続くことを期待するのであれば、何らかの公的組織が施設の維持に責任をもつという形が望ましい。米国の場合には、音楽業界関係の業界団体が母体となって財団を設け、実質的に業界全体として施設を維持している比較的規模が大きい施設が成立している。これに該当するものとしては、クリーブランドのロックの殿堂博物館（一九九三年開館）、ナッシュビルのカントリー音楽の殿堂博物館、カリフォルニア州カールスバッドの音楽制作博物館（The Museum of Making Music: 二〇〇三年開館）などが事例としてあげられる。日本では同様の事例は見当たらないが、一九九七年に古賀政男の居宅跡に古賀政男音楽博物館がパーパスビルトで建設された際に併設されたオフィスビルには、テナントとして日本音楽著作権協会（JASRAC）が入っている。博物館を運営する古賀政男音楽文化記念財団に、JASRAC から安定した賃料収入が入っていることは、結果として業界団体が間接的に財団を支えていることになっていると見ることも出来るだろう。

展示施設や顕彰事業の永続という観点から考えると、自治体が設置する博物館などとして、完全に行政が責任を負う形で施設が設けられることは、ある意味では理想であるかもしれない。独立した博物館を成立させることが難しい場合でも、前節で見たように、公共施設の一つのコーナーとして恒久的な展示空間を設けるという選択肢もある。このように、地方自治体が抱え、税金によって支えられることになる展示施設は、社会教育＝生涯学習の文脈に位置付けられて、その存在意義が説明される必要が出てくることになるが、他方では、観光資源として位置付ける観点も取り沙汰される。規模が一定以下の場合であれば、言い換えれば、維持コストが小さく、無視できる範囲であれば、議会筋など住民側から負担への疑念が提起される可能性も小さいことであろう。

これは音楽関係に限ったことではないが、地域社会の中で大きな役割を担っていた顕彰の対象となる人物、たとえば名誉市民の称号が贈られるような人物の死去後に、行政が顕彰のための展示施設を設けることを前提に、遺族が居宅や展示されるべき資料等を提供（寄贈、寄託）するといった話はよくある。これは、行政からすれば展示すべき文化財の取得にかかる経費が圧縮され、遺族側からすれば、維持なり保管の負担から解放され、なおかつ恒久的な顕彰施設の存続を期待できる、双方にメリットがある方式である。星野哲郎記念館はその典型例といえよう。

しかし、中には、話がこじれて展示施設自体が失われてしまう場合もある。作詞家サトウハチローは、本人の死後しばらくの間、東京都文京区弥生にあった自宅が「サトウハチロー記念館」として公開されていた。その後、これを区立の施設とするという話が持ち上がり、一時は佐藤家側もその準備を進めていた。ところが、些細な経緯からこれが政争の具となり、区立施設化の話は佐藤家側から拒まれるに至った。結局、記念館の運営にあたっていた未亡人の死去後に、旧宅は解体撤去、敷地は売却され、サトウハチロー関係の資料は東京を離れて、岩手県北上市に現在のサトウハチロー記念館「叱られ坊主」が、一九九六年に開館した。

現在の北上市のサトウハチロー記念館「叱られ坊主」は良質な展示施設となっているだけでなく、観光資源として高い価値を有しており、佐藤家の個人経営のままで存続している。しかし、移転によって、旧宅の建物が失われたことや、本来の顕彰対象であるサトウハチローとの所縁のない場所に移転せざるを得なかったことは、展示施設のオーセンティシティ（真正性）という点からは好ましくない事態であったと考えられる。

6 〈情報〉としてのコンテンツ、「物語」を紡ぐ〈ヒト〉

音楽博物館にとっては、楽曲などの〈音〉もコンテンツのひとつであるが、たんに音楽を聴かせるだけではなく視覚的な展示も併せて用意しなければ〈音〉の展示は成立しない。そこでは、用意された〈音〉がどのような意味を持っているのかを、視覚的な資料や文字情報で説示する必要が生じる。そうした〈情報〉をコンテンツとして生み出すのは、展示品を提供する所属事務所などであることもあれば、学芸員資格の有無を問わず展示施設を運営する側のスタッフ、あるいはボランティアという場合もある。

　これとは別に、展示施設側から見れば外部の存在である事業者に〈情報〉の生産を委ねるという方法もある。日本でも、乃村工藝社のように博物館等の展示を手がける事業者は存在するが、米国ではスミソニアン学術協会などが展示施設の内容を包括的にキュレーションし、ディスプレイの設計製作までを請け負うといった体制ができている。たとえば、ロックン・ソウル博物館の展示は、スミソニアンが手がけたものである。こうした事業者は、たとえ提示型展示には馴染まないような〈モノ〉しか揃っていないような場合でも、説示型展示、ないし、教育型展示を展開するノウハウをもっており、展示施設の立ち上げの際には大きな力を発揮することが期待される。

　もっとも、新たに展示施設を立ち上げ、開館させる際には、そうした事業者の協力を仰ぐことが必要であるとしても、その後も継続的に外部の事業者へ依存し続けることが適切か否かは、個別の事例で判断していく必要があるだろう。厳しく言えば、外部の事業者により多額の〈カネ〉を支払えば、より質の高い〈情報〉としての展示内容を確保することは可能であるが、本来であれば、日常的に来館者からのフィードバックに接している現場の学芸員なりそれに準じるスタッフが、展示内容の恒常的な更新作業や企画展示に取り組み続け、〈情報〉を生産し続けることが、コンテンツの質の維持には肝要なはずである。

　音楽を中心とした展示を行うことを前提とすれば、流される音楽そのものに加え、展示施設として独自に提供できる追加的な〈情報〉を誰がどのように構築し、誰がそのコンテンツに対して権利を保有するのかといった方面についても、十分なコンプライアンス上の配慮が求められる。音楽そのものに対する諸々の権利が博物館の外にあるとしても、一定の範囲で関係先の協力も得て、独自の音源なりコンテンツの開発に取り組むことが必要になる局面もあり得よう。例えば、展示企画に合わせ、カタログを制作するのと同様に、独自企画のコンピレーションCDを制作するといった取り組みも、考えられる。

一方、十分な専門性をもったスタッフを抱えることが難しい小規模施設などにおいては、運営を支えるスタッフやボランティアたちのモラール（士気）が、展示内容にも増して観覧者の印象を左右することもある。特に、展示主題を深く、あるいは直接に知っている「語り部」の存在は、伝統的に自由見学よりもツアー方式が重視されることが多い音楽系の展示施設において重要な要素となるが、これは〈カネ〉では買うことができない〈ヒト〉の要素である。先述した、サトウハチロー記念館「叱られ坊主」では、サトウの次男である佐藤四郎館長がしばしば団体客などの案内役を務めている。ミシシッピ州トゥーペロのエルヴィス・プレスリー生誕地博物館（一九九二年開館）では、展示を一巡した後に誘導されるプレスリーの生誕当時の生家の中に、案内役＝語り部として、プレスリーを直接知る関係者が常駐している（筆者が訪問した際には、従妹だという女性がいた）。

ハワイ州真珠湾のアリゾナ記念館や広島市や長崎市の原爆死没者追悼平和祈念館などにおいて表面化しているように、主題を直接知る語り部たちは時の流れとともに減少して行かざるを得ない。

特に小規模施設の場合、語り部もいなくなる時代ともなれば観覧者もいなくなり、施設として存続しなくても構わない、などと当初から考えるのでなければ、直接の体験に基づくものとはまた別に、前世代の経験を継承し、何らかの魅力的な「物語」を紡ぐような、新たな世代の語り部を養成する取り組みが必要となる。

おわりに——持続可能性とローカル・アイデンティティ

音楽博物館やそれに準じる展示施設に限らず、施設を開設するということには大きなエネルギーが必要になる。一旦成立した施設なり、それを管理運営する立場の組織にとっては、事業の継続という「ゴーイング・コンサーン（going concern）」の理念が、最優先の課題となるが、「創業は易く守成は難し」という『貞観政要』に見える七世紀の唐代の言葉が現代でもしばしば聞かれるように、創業に求められる営力と、守成すなわちサステナビリティを支える営力では、異なるものが必要とされる。できてしまった器としての展示施設を、どのように存続させるか、いかに持続可能性をもたせていくかという課題は、展示施設に関わる多くの関係者を悩まし続けることになる。

展示施設を最終的に支えるのは、来館する観覧者である。たとえ公共施設として自治体行政の保護下に置かれても、観覧者が絶え、また展示されるコンテンツや施設自体の歴史的意義を評価する者がいなくなれば、行政改革の中で施設自体が整理されてしまう可能性は常にある。特に個人の記念館の場合には顕著になりやすいが、一過性の人気＝ポピュラリティに支えられたポピュラー音楽がひとつの永続性をもった文化として存続し、展示され続けるためには、時とともに世代更新していく観覧者をいかに維持、確保していくのかという観点が最も肝要である。営利性をもつ施設であれば、入館者の減少はそのまま収入の減少を意味するし、非営利的な施設であっても、それを〈カネ〉の面で支える組織の支持を困難にすることに繋がる。

当初の一過性の人気が生み出した熱狂を直接知る世代が更新された後、その顕彰対象の意義なり価値なりを新たな世代に伝承することが適切に行われなければ、観覧者が先細りになることは必然である。そのような伝承の活動を担う主体として様々なものが想定されるとしても、展示施設それ自体が主体的に新たな観覧者層の掘り起こし、開拓に取り組んでいく必要があることは論を待たない。

縁故地に立地している施設であれば、地域における郷土史の掘り起こしに繋がるようなアウトリーチ活動を通して、いわば「郷土の偉人」として、地域における社会教育や、初等教育プログラムへの関わりなどが模索される可能性もある。丘灯至夫記念館が、図書館に組み込まれて目に見える形で存在していることは、この作詞家を知らない若い世代が別の目的で図書館を訪れ、同郷の先人としての丘の業績に接する機会を作っているエ夫のひとつと見ることが出来る。近年の学習指導要領では、小学校の社会科における「身近な地域」の学習などにおいて、地域内の博物館等との連携が提言されており、展示施設側から積極的に地域の小中学校に働きかけて連携を図る可能性も開かれている。

縁故地とは言えない場所に立地している施設の場合、より強い危機意識とともに、そこにその施設が存在することの意義を積極的に主張していくことで、いわば後付けの真正性を作り出していく努力が必要となっていく。ダークダックス館林音楽館は、開館後、それぞれの時点において存命中であったメンバーがしばしば現地を訪れ、パフォーマンスを含むイベントを開催し、地域内外からファンを集めた。日本シャンソン館は、定期的にライブ公演を継続しており、少なからぬシャンソン愛好者たちが、各地から渋川市に足を運んでいる。また、来日したシャンソン歌手たちが、少なからず渋川市を訪れるようになっているのも、日本シャンソン館があればこそである。このように、単なる展示施設ではなく、小規模ながら継続的な音楽イベントの場、交流の場となることで、地域おこしの動きとも関わりながら、展示施設のある町、さらには、そのような文化を育む町としてのローカル・アイデンティティの創出への道が開かれるのである。

出身地の日立市に市立の施設として吉田正音楽記念館（二〇〇四年開館）がある作曲家の吉田正は、「私の歌を私の歌と知らないで、みんなが歌っている光景に出会いたい（略）歌はいつからか詠み人知らずになっていきます」と、作者が忘れられても歌が永く残ることを願った。個人としての作者は忘れられても、音楽は残り、広く人々の記憶の底に沈殿している。もし、展示施設が、そうした記憶をもった人々を招じ入れ、観覧者の中に作者についての情報を再生させることが出来るなら、それは、顕彰の対象者を記憶し、支持する人々の先細りを減速させることに繋がるし、さらには新たな世代への訴求の可能性をも開いていくことになろう。そしてそのような展望は個人を顕彰する展示施設ばかりではなく、ジャンル全般を扱うような音楽博物館などにも通じることであろう。

サトウハチロー記念館「叱られ坊主」は、春は花見、秋は桜紅葉で賑わう北上市の景勝地「展勝地」の隣接地に立地している。バスでやって来た花見客が、駐車場の目の前の記念館に深い思い入れもなく「ついでに」入館し、そこでサトウハチローの作品と認識していなかった懐かしい楽曲に接して、作詞家への新たな認識と感動を得るという流れは、ごく自然に支持者の掘り起こしを進めている好例といえるだろう。もともと北上市とサトウハチローの所縁は、極めて希薄なものであった。しかし今では、北上市にとっての記念館は、間違いなく重要な観光拠点のひとつとなっている。

地域おこしという文脈の中で、何らかの「音楽の町」、「楽都」を謳う取り組みは各地で散見される。そうした創られたローカル・アイデンティティを構築する努力の中では、「ラ・フォル・ジュルネ」や各種のフェスティバルのような、何らかの音楽祭的なイベント行事とともに、恒常的な展示施設が大きな役割を担い得るはずである。然るべく整備された展示施設のある町としてのローカル・アイデンティティを、それがもともと先行して真正性をもつ場合（顕彰対象の人物の出身地である、など）だけでなく、たとえ後付けであっても、意識的に築いていく取り組みが求められる。そもそも、日本における音楽祭イベントは、乱暴な言い方をすれば、おしなべて後付けなのだ。

流行モノとしてのポピュラー音楽を、展示施設という形で可視化、具体化し、永く保存しようという取り組みは、一過性の流行現象を、より長い時間軸における文脈の中で文化実践の記録として固着させ、それを手掛かりとして継続的にその文化の支持者を再生産させようとする永続的な文化実践である。そこでは、展示施設側が、たんなる展示の維持管理だけでなく、社会教育、学校教育、観光と、様々な文脈へとアウトリーチ活動に乗り出していくこと、それによって不断に新たな、当初とは異なる性格の支持層を地域社会の内外で掘り起こし、確保していくことが肝要だ。

その土地にその施設が存在していることが、地域の人々にとっても誇るべきこととなり、また、地域のアイデンティティの一部になる。そうした理想的な状況を目指して、展示施設の立場でできること、なすべきことを、展示施設の管理者側が、地域住民や、地域外の潜在的な観覧者などと交流しながら、しっかりと模索することが期待されるところである。

あとがき

本書は、成城大学グローカル研究センター主催による二〇一八年六月二三日に開催された「日本のポピュラー音楽をどうとらえるか4——ポピュラー音楽にみるグローカル化を考える」に集ったパネリストがシンポジウム終了後に自身の研究を発展させた論文をまとめたものです。

このシンポジウムはグローカル研究センターが推し進めるグローカル研究の一環として、統一テーマを「日本のポピュラー音楽をどうとらえるか」と定めて、二〇一二年から二〇一四年まで毎年一月の最終土曜日にサブテーマを変えて開催されました。ちなみに、第一回目は「グローバルとローカルの相克」、第二回目が「ローカルからグローバルへの逆照射」、そして第三回目は「文化装置としての東アジア」というサブテーマでした。第一回目を基に学術論文にまとめた『ポピュラー音楽から問う——日本文化再考』を、せりか書房から二〇一四年に上梓しましたが、本書はその延長線上にあるものとなります。

周知の通り、日本の大学、とりわけ研究者は本来の研究や教育以外に多くの時間が割かれて疲弊しております。土日に開催される学会の年次大会でさえ、本務校の業務で参加できない研究者もかなりの数がいると耳にします。そういった学術研究にとって劣悪な現状において、本書の基となった公開シンポジウムを四回も開催することが出来たのはラッキーだったと思います。このシンポジウム、さらには本書刊行を助成してくださった成城大学グローカル研究センターの上杉富之センター長、小澤正人副センター長をはじめとした関係者の皆様、校正を手伝ってくださった、小河原あやさん（成城大学非常勤講師、元グローカル研究センター事務局）と葛西周さん（東京芸術大学非常勤講師）に、この場を借りて御礼申し上げます。

そして、出版事情の厳しい中、せりか書房の船橋純一郎さんが快く出版を引き受けてくださったにとどまらず、編集実務面においても私があれやこれやと注文しても暖かく応えてくださったこと、感謝に堪えません。ありがとうございました。

あらためて、本書の各論文からポピュラー音楽が内包する研究の広がりを感じていただければ嬉しく思います。

二〇二〇年一月　深夜の研究室にて

東谷　護

本書は、文部科学省私立大学研究ブランディング事業（平成二八年度）による研究の成果である。

参考文献

第1章 「音楽ジャンルの歴史にみられる記号の推移」(ポープ)

井手口彰典　2015 「大正期から現在までの童謡をめぐる社会的イメージの変遷」『ソシオロジ』: 60-2: 3-20, 社会学研究会.

ポープ、エドガー・W　2012 「日本の「中国」と日本ポピュラー音楽——明治時代から昭和初期まで」東谷護［編］『日本のポピュラー音楽をどうとらえるか——グローバルとローカルの相克』(2011年度シンポジウム報告書): 39-46, 成城大学研究機構グローカル研究センター.

———— 2014 「日本のポピュラー音楽にあらわれる「中国」——明清楽の変遷を手がかりとして」東谷護［編著］『ポピュラー音楽から問う——日本文化再考』: 9-46, せりか書房.

Abbott, L. & Seroff, D. 2002=2009 *Out of Sight: The Rise of African American Popular Music, 1889-1895,* Jackson: University Press of Mississippi.

Allen, F. William, Charles P. Ware, & Lucy M. Garrison, 1867=1996 *Slave Songs of the United States,* Carlisle: Applewood Books.

Atkins, E. Taylor 2001 *Blue Nippon: Authenticating Jazz in Japan,* Durham: Duke University Press Books.

Atkins, E. Taylor (ed.) 2003 *Jazz Planet,* Jackson: University Press of Mississippi.

Beattie, James 1779 *Essays: On Poetry and Music, as They Affect the Mind: On Laughter, and Ludicrous Composition: on the Usefulness of Classical Learning,* Edinburgh: E. and C. Dilly, and W. Creech.

Berkeley, Hugo 2018 "When America's hottest jazz stars were sent to cool cold-war tensions", *The Guardian,* May 3, (https://www.theguardian.com/music/2018/may/03/jazz-ambassadors-america-cold-war-dizzy-gillespie) . ［最終閲覧日：2020/1/9］

Brown, T. Allston, & Day, Charles 1975 "Black Musicians and Early Ethiopian Minstrelsy", *The Black Perspective in Music* 3-1: 77–99.

Byrnes, Sholto 2003 "Wynton Marsalis: Miles Davis? He was a rock

star", *The Independent,* January 12, (https://www.independent.co.uk/arts-entertainment/music/features/wynton-marsalis-miles-davis-he-was-a-rock-star-123907.html).［最終閲覧日：2020/1/9］

Castle, V & I 1914 *Modern Dancing,* New York: World Syndicate Company.

Eschen, Penny M Von 2004=2006 *Satchmo Blows Up the World: Jazz Ambassadors Play the Cold War,* Cambridge, MA and London: Harvard University Press.

Feld, Steven 2012 *Jazz Cosmopolitanism in Accra: Five Musical Years in Ghana,* Durham: Duke University Press Books.

Gelbart, Matthew 2009 " 'The Language of Nature': Music as Historical Crucible for the Methodology of Folkloristics", *Ethnomusicology* 53-3: 363–95.

Gioia, Ted 1997 *The History of Jazz,* New York and Oxford: Oxford University Press.

Guilliatt, Richard 1992 "The Young Lions' Roar: Wynton Marsalis and the 'Neoclassical' Lincoln Center Orchestra are helping fuel the noisiest debate since Miles went electric", *The Los Angeles Times,* September 13, (https://www.latimes.com/archives/la-xpm-1992-09-13-ca-1495-story.html).［最終閲覧日：2020/1/9］

Leonard, Neil 1962 *Jazz and the White Americans: The Acceptance of a New Art Form,* Chicago: University of Chicago Press.

Locke, Ralph P. *Musical Exoticism: Images and Reflections,* New York: Cambridge University Press.

Moore, Thomas, 1808=1859 *Moore's Irish Melodies,* London: Addison, Hollier and Lucas.

Ogren, Kathy J. 1989=1992 *The Jazz Revolution: Twenties America and the Meaning of Jazz,* New York: Oxford University Press.

Peretti, Burton W. 1994 *The Creation of Jazz: Music, Race, and Culture in Urban America,* Champaign and Urbana: University of Illinois Press.

——— 1997 *Jazz in American Culture,* Chicago: Ivan R. Dee.

Pope, Edgar W. 2003 *Songs of the Empire: Continental Asia in Japanese Wartime Popular Music,* Seattle: University of Washington.
――――― 2012 “Imported Others: American influences and exoticism in Japanese interwar popular music”, *Inter-Asia Cultural Studies* 13-4: 507-517.
Scheurer, Timothy E. (ed.) 1989 “The Nineteenth Century: Introduction”, *American Popular Music: Readings from the Popular Press Volume I: The Nineteenth-Century Tin Pan Alley,* Bowling Green: Popular Press 1.
Starr, Frederick S. 1983 *Red and Hot: The Fate of Jazz in the Soviet Union, 1917-1980,* New York: Oxford University Press.
Stowe, David W. 1996 *Swing Changes: Big-Band Jazz in New Deal America,* Cambridge, MA: Harvard University Press.（=1999 湯川新［訳］『スウィング：ビッグバンドのジャズとアメリカの文化』法政大学出版局）
Suisman, David 2009=2012 *Selling Sounds: The Commercial Revolution in American Music,* Cambridge, MA. and London: Harvard University Press.

第２章 「ショパンと流行歌」（永原）

桂直美 2000 「園部三郎の音楽教育論――発生的考察による「わらべうた教育論」の構成」『三重大学教育学部研究紀要 教育科学』51: 45－54.
加藤善子 1997 「評論家と演奏家――戦前期日本における「楽壇」の構成」『大阪大学教育学年報』2: 33-45.
――――― 2005「クラシック音楽愛好家とは誰か」『クラシック音楽の政治学』：144－174, 青弓社.
木畑洋一 2018 『帝国航路を往く――イギリス植民地と近代日本』岩波書店.
草野滋之 2011 「山住正己の教育学理論の形成過程（その1）――「戦後教育学」再検討の一つの試み」『和光大学現代人間学部紀要』4: 47-62.

園部三郎　1942 『音楽と生活』中央公論社.
――――　1946 「音楽を生活の中に」『私の大学』第1巻第3号（1948）『民衆音楽論』: 25-39, 三一書房.
――――　1947 「音楽民衆化の道」『文化革命』8月号（1948）『民衆音楽論』: 7-23, 三一書房.
――――　1948 『民衆音楽論』三一書房.
――――　1950a 『音楽の階級性』ナウカ社.
――――　1950b 「現代流行歌について」思想の科学研究会［編］『夢とおもかげ：大衆娯楽の研究』中央公論社（1970）加太こうじ、佃実夫［編］『流行歌の秘密』: 240-287, 文和書房.
――――　1950c 『音楽五十年』時事通信社.
――――　1954a 『演歌からジャズへの日本史』和光社.
――――　1954b 『愛と真実の肖像――ショパン評伝』和光社.
――――　1956 『東ヨーロッパ紀行――音楽・民族・社会』平凡社.
――――　1977 『日本人と音楽趣味』大月書店.
――――　1980 『日本民衆歌謡史考』朝日新聞社.
園部三郎・山住正己　1962 『日本の子どもの歌――歴史と展望 』岩波書店.
本間雅夫　2004 「園部三郎」日本音楽教育会［編］『日本音楽教育辞典』: 541-542, 音楽之友社.
南博　1950 「日本の流行歌」(1970) 加太こうじ・佃実夫［編］『流行歌の秘密』: 116-152, 文和書房.
諸井三郎　1942 「吾々の立場から：近代の超克に関する一考察」『文学界』10月号（1979）河上徹太郎、竹内好［他著］『近代の超克―冨山房百科文庫23』: 38-58, 冨山房.
山住正巳 1980a 「園部さんとの日々」『教育』7月号（2016）『山住正巳著作集（8）先達に学び、教育の未来を想う　人と歴史を語る』: 115-118, 学術出版会.
―――― 1980b 「なぜあれほど音楽教育改革に情熱を注いだのか〔弔辞〕」『音楽教育研究』秋季号（2016）『山住正己著作集（8）先達に学び、教育の未来を想う　人と歴史を語る』: 123-126, 学術出版会.
輪島裕介　2011「戦後日本〈大衆〉音楽言説史序説」（東京大学博士論

文）
和田博文　2016　『海の上の世界地図——欧州航路紀行史』岩波書店.
Bronson, Adam　2016　*One Hundred Million Philosophers: Science of Thought and the Culture of Democracy in Postwar Japan,* Hawaii: University of Hawaii Press.
Combarieu, Jules　1907　*La Musique: ses lois, son évolution,* Paris: Flammarion.（= 園部三郎［訳］　1942　『音楽の法則と進化』創元社）
Nagahara, Hiromu　2017　*Tokyo Boogie-Woogie: Japan's Pop Era and its Discontents,* Cambridge, MA: Harvard University Press.
新聞
朝日新聞　1962「著者と一時間」8月26日
読売新聞　1950「「赤い芸人」など放送も閉め出し」10月1日

第３章 「ポピュラー音楽文化のメディエーターとしての米軍基地」(東谷)

阿久悠　1997　『書き下ろし歌謡曲』岩波新書.
いかりや長介　2001　『だめだこりゃ——いかりや長介自伝』新潮社.
内田晃一　1995　「ゲイ・カンパニー物語」『Jazz World』6：2，ジャズワールド.
————　1997　「米軍ショーに登場したショー・アーティスト」『Jazz World』6：2，ジャズワールド.
ガーソン，ジョセフ　1994　「太陽が沈まないところ」ガーソン，ジョセフ.バーチャード，ブルース［編］佐藤昌一郎［監訳］『ザ・サン・ネバー・セッツ——世界を覆う米軍基地』：17-57，新日本出版社.（= Gerson, Joseph and Birchard, Bruce ed., 1991, *The Sun Never Sets: Confronting the Network of Foreign U.S. Military Bases,* Boston: South End Press）
シン・ヒョンジュン　2012　「家庭という領土の内と外で鳴るサウンド・オブ・ミュージック——冷戦期韓国におけるメディア化された音楽の空間性」三澤真美恵・川島真・佐藤卓己［編著］『電波・電影・電視——現代東アジアの連鎖するメディア』：309-334, 青弓社.
シン・ヒョンジュン・ほか　2016　『韓国ポップのアルケオロジー——

:1960-70年代』平田由紀江［訳］，月曜社．（= 신현준（타），2005, 《한국 팝의 고고학 1960》《한국 팝의 고고학 1970》서울：한길아트．）
占領軍調達史編さん委員会［編著］ 1957 『占領軍調達史――部門編Ⅰ』調達庁総務部総務課．
田中雅一 2004 「軍隊の文化人類学的研究への視角――米軍の人種政策とトランスナショナルな性格をめぐって――」『人文学報』90: 1-21.
東谷護 2001 「歌謡曲を支えたブラスバンド」阿部勘一・細川周平・塚原康子・東谷護・高澤智昌『ブラスバンドの社会史――軍楽隊から歌伴へ』：125-149，青弓社．
――― 2005 『進駐軍クラブから歌謡曲へ――戦後日本ポピュラー音楽の黎明期―』みすず書房．
――― 2008 「グローバル化にみるポピュラー音楽」東谷護［編著］『拡散する音楽文化をどうとらえるか』：209-210，勁草書房．
――― 2014 「ポピュラー音楽にみる「アメリカ」――日韓の米軍クラブにおける音楽実践の比較から考える――」『グローカル研究』1: 43-60.
横浜市，横浜の空襲を記録する会 1977 『横浜の空襲と戦災 5』横浜の空襲を記録する会．
吉見俊哉 2007 『親米と反米――戦後日本の政治的無意識』岩波新書．
Boonzajer Flaes, Robert M. 2000 *Brass Unbound：Secret Children of the Colonial Brass Band*. Amsterdam：Royal Tropical Institute.
DVD
パレンティ，エンリコ．ファツィ，トーマス．（監督） 2012 『誰も知らない基地のこと』アンプラグド／メダリオンメディア．（原題は*Standing Army*、2010年）

第４章 「ザ・タイガースからみたロックのローカル化」(周東)

アイララ＆泉美木蘭［編著］ 2018 『AiLARA――「ナジャ」と「アイララ」の半世紀』Echelle-1.
阿久悠 2007 『夢を食った男たち――「スター誕生」と歌謡曲黄金の70年代』文藝春秋.
阿久悠・田邊昭知 2002 「音楽業界のビッグバン！――GS伝説」『文

藝別冊［総特集］GS！あらたなる旅立ち』: 68-85，河出書房新社.
石田美紀　2008　『密やかな教育――〈やおい・ボーイズラブ〉前史』洛北出版.
磯前順一　2013　『ザ・タイガース――世界はボクらを待っていた』集英社.
磯前礼子・柿田肇　2015　「ザ・タイガース　ユニフォームの移り変わりを追って」磯前順一・黒﨑浩行［編著］『ザ・タイガース研究論――昭和40年代日本のポピュラー音楽の社会・文化史的分析』: 131-146，近代映画社.
稲増龍夫　2017　『グループサウンズ文化論――なぜビートルズになれなかったのか』中央公論新社.
井上貴子　2009　「熱さの根源としての「ロックする身体」――ウッドストックからJ-ROCKまで」井上貴子［編著］『日本でロックが熱かったころ』: 13-49，青弓社.
加橋かつみ　1976　『日盛りの街に出て』婦人生活社.
川添梶子　1967　「デザイナーの見たタイガース」『別冊近代映画』11: 106.
岸部シロー（著）藤井剛彦事務所［編］　1990　『ザ・タイガースと呼ばれた男たち――ある団塊の世代の肖像』あすか書房.
久世光彦　1982　「インタビューが好き！特集　久世光彦」『ALLAN』12: 81-84.
黒沢進（著）小野良造，高木龍太［編］　2007　『日本ロック紀GS編コンプリート』シンコーミュージック・エンタテインメント.
軍司貞則　1995　『ナベプロ帝国の興亡』文藝春秋.
コシノジュンコ　1999　『失敗はチャンスだ！――コシノジュンコ流生き方』ポプラ社.
五歩一勇［編著］　1995　『シャボン玉ホリデー――スターダストを、もう一度』日本テレビ放送網.
沢田研二（著）玉村豊男［編］　1986　『我が名は、ジュリー』中央公論社.
San Ma Meng　2004　『ザ・ゴールデン・カップス　ワンモアタイム』小学館.

島﨑今日子　2015 『安井かずみがいた時代』集英社.
周東美材　2014 「「未熟さ」の系譜——日本のポピュラー音楽と1920年代の社会変動」東谷護［編著］『ポピュラー音楽から問う——日本文化再考』: 135-179, せりか書房.
———— 2015 『童謡の近代——メディアの変容と子ども文化』岩波書店.
———— 2016 「いつも見ていた「ジャニーズ」——戦後日本のメディアと家族」『アステイオン』85: 178-192.
すぎやまこういち　2006 『すぎやまこういちの体験作曲法』ブッキング.
———— 2011 「すぎやまこういち半生を語る——この道わが旅」『WiLL』12月号増刊 : 36-65.
———— 2016 『KOICHI SUGIYAMA works：勇者すぎやんLV85：ドラゴンクエスト30th アニバーサリー』スクウェア・エニックス.
橋本淳　2002 「夢と希望の「青の時代」」『文藝別冊 ［総特集］GS！あらたなる旅立ち』: 146-158, 河出書房新社.
———— 2011 「すぎやまこういちの“真実”——弟子というより「奴隷」でしたね（笑）」『WiLL』12月号増刊 : 66-79.
瞳みのる　2011 『ロング・グッバイのあとで』集英社.
———— 2013a 「瞳みのる（ザ・タイガース）インタビュー」『ロック・ジェット』51: 10-39.
———— 2013b 『ザ・タイガース花の首飾り物語』小学館.
藤田圭雄　1967 「解説」『与田凖一全集第1巻童謡集　空がある』: 273-280, 大日本図書.
南田勝也　2019 「ビートルズが教えてくれなかったこと」南田勝也［編著］『私たちは洋楽とどう向き合ってきたのか——日本ポピュラー音楽の洋楽受容史』: 73-88, 花伝社.
三保敬太郎　1968 「日本のGS界をリードするタイガース7つの大罪」『ヤングミュージック』7: 95-97.
ムッシュかまやつ　2009 『ムッシュ！』文藝春秋.
与田凖一　1943 『幼児の言葉』第一書房.
与田凖介　2005 「穏やかに旅立った凖一さんはとても好かったと想う」

『ネバーランド』3: 166-169, てらいんく.
Mellers, Wilfrid. 1973 *Twilight of the Gods: The Beatles in Retrospect,* London: Faber & Faber.（＝柳生すみまろ［訳］ 1984 『ビートルズ音楽学』晶文社）

第５章 「ラップ・ミュージックにおけるローカリティの意味」（木本）

磯辺涼 2017『ルポ川崎』サイゾー.
印南敦史 1995 「イースト・エンド×ユリ（インタビュー）」『ミュージック・マガジン』6：40-45, ミュージック・マガジン.
小野島大［編］ 1998 『ミュージック・マガジン 11月増刊号 Nu Sensations: 日本のオルタナティブ・ロック1978-1998』ミュージック・マガジン.
木本玲一 2009 『グローバリゼーションと音楽文化――日本のラップ・ミュージック』勁草書房.
Kozakai, Yuji 2019「The Show must go on：フッドの人たちが中心となった追悼式典」『Dawn』1：46.
後藤明夫［編］ 1997 『J ラップ以前――ヒップホップ・カルチャーはこうして生まれた』Tokyo-FM 出版.
千早書房編集部［編］ 1998 『JAPANESE HIP‐HOP HISTORY』千早書房.
宝島社 2001 『1990年大百科：おニャン子からバブルまで』.
萩谷雄一 1998 「K・ダブ・シャイン（インタビュー）」『フロント』1：16-21, シンコーミュージック.
Condry, Ian. 1999 *Japanese Rap Music: An Ethnography of Globalization in Popular Culture.* Yale University, Ph.D. thesis.
Flores, Juan 1994 "Puerto Rican and Proud, Boyee!: Rap, Roots and Amnesia", *Microphone Fiends: Youth Music & Youth Culture,* Ross, A. & Rose, T. (ed.): 89-98, London: Routledge.
Forman, Murray 2000 "'Represent': Race, Space and Place in Rap Music", *Popular Music* 19-1: 65-90.
Giddens, Anthony 1990 *The Consequences of Modernity,* Cambridge:

Polity Press.（= 松尾精文・小幡正敏［訳］ 1993 『近代とはいかなる時代か？——モダニティの帰結』而立書房）
Negus, Keith　1996　*Popular Music in Theory: An Introduction*, Cambridge: Polity Press.（= 安田昌弘［訳］ 2004 『ポピュラー音楽入門』水声社）
Nelson, George　1998　*Hip-Hop America*, London: Penguin.（= 高見展［訳］ 2004 『ヒップホップ・アメリカ』ロッキング・オン）
Wacquant, Loïc　1999 *Les Prisons de la misère* Les Editions Raisons d' agir.（=森千香子、菊池恵介［訳］2008『貧困という監獄：グローバル化と刑罰国家の到来』新曜社）
Westhoff, Ben　2016　*Original Gangsta: The Untold Story of Dr.Dre, Easy-E, Ice-Cube, Tupac Shakur, and the Birth of West Coast Rap*, New York: Hachette Books.
Yasuda, Masahiro 2001 *Modernity, Urban Space and Music Industries: Hip-Hop and Reproduction of Street Music in Paris and Tokyo*. University of Leicester, Ph.D. thesis.

第6章　「地域文化としてのサブカルチャー」(大山)

伊奈正人 1999『サブカルチャーの社会学』世界思想社.
今井俊博 1974『生活ファッション考』青友書房.
遠藤薫　2004 「メタ複製技術時代におけるアウラの所在——< 情報 > としての芸術、その価値とは何か?」『学習院大学法学会雑誌』40-1: 109-151.
遠藤知巳［編著］ 2010 『フラット・カルチャー——現代日本の社会学』せりか書房.
大山昌彦 2005「若者下位文化におけるポピュラー音楽の消費・再生産・変容」三井徹［監修］『ポピュラー音楽とアカデミズム』: 251-281, 音楽之友社.
———— 2012「若者サブカルチャーの脱世代化と地域化に伴う変容」小谷敏［編］『若者の現在　文化』: 177-209, 日本図書センター.
———— 2018 「高度消費社会におけるサブカルチャーを通じた地域文化の形成——茨城県中央部における「ロックンロール」を中心に」

『グローカル研究』5: 1-20.
クリームソーダ Co.［編］ 1980 『テディボーイ――ロックンロール・バイブル』八曜社.
グループ〈フルスロットル〉［編］1981 『ハートは Teddy』第三書館.
難波功士 2006「サブカルチャーの概念の現状をめぐって」『関西学院大学社会学部紀要』101: 161-168. .
森永博志 2015『ジョニー大倉ラストシャウト！――ロックンロールの神様に愛された、ひとりの少年の物語』KADOKAWA.
山口晋 2002 「大阪・ミナミにおけるストリート・パフォーマーとストリート・アーティスト」『人文地理』54-2: 173-189.
Charlton, Katharine 1994 *Rock Music Styles: A History,* St. Louis: William C Brown Company.（＝佐藤実［訳］ 1996 『ロック・ミュージックの歴史――スタイル & アーティスト 上』音楽之友社）
Cohen, Phil 1980 "Subcultural Conflict and Working Class Community", Hall, S., et al. (ed.), *Culture, Media, Language: Working Papers in Cultural Studies,* 1972-79, London: Routledge, 78-87.
Featherstone, Mike 1991 *Consumer Culture and Postmodernism,* London：Sage（＝川崎賢一・小川洋子［編著訳］ 1999『消費社会とポストモダニズム 上』恒星社厚生閣）
Fischer, Claude S. 1975 "Toward a Subcultural Theory of Urbanism", A*merican Journal of Sociology* 80-6: 1319-41.（＝広田康生［訳］ 2012「アーバニズムの下位文化理論に向かって」森岡清志［編］『都市空間と都市コミュニティ』：127-64, 日本評論社）
Hebdige, Dick 1979 *Subculture: the Meaning of Style,* London: Routledge.（＝山口淑子［訳］1986『サブカルチャー――スタイルの意味するもの』未来社）
Hodkinson, Paul 2002 *Goth: Identity, Style, and Subculture,* Oxford: Berg.
Martin, Peter J. 2004 "Culture, Subculture and Social Organization" Bennett, A. & Kahn-Harris, K. (ed.) *After Subculture: Critical Studies in Contemporary Youth Culture,* New York: Palgrave Macmillan, 21-35.

第７章　「音楽を展示する空間の持続可能性」(山田)
加藤修子　2002 「博物館における音の展示と音による環境づくり――文化情報施設のサウンドスケープ・デザインの展開」『文化情報学』9-1: 1-13, 駿河台大学.
山田晴通　1999 「globe: 小室哲哉の歌詞が描き出す世界」『音楽研究』11: 113-128, 国立音楽大学.
――――　2003 「ポピュラー音楽の複雑性」東谷護［編著］『ポピュラー音楽へのまなざし――売る・読む・楽しむ』: 3-26, 勁草書房.
――――　2011 「米国のポピュラー音楽系博物館等展示施設にみるローカルアイデンティティの表出とその正統性」『人文自然科学論集』130: 155-187, 東京経済大学.
――――　2012 「規模と立地からみた米国のポピュラー音楽系博物館等展示施設の諸類型」『人文自然科学論集』132: 27-54, 東京経済大学.
――――　2013 「立地からみた日本のポピュラー音楽系博物館等展示施設の諸類型」『人文自然科学論集』134: 3-23, 東京経済大学.

執筆者紹介

第１章　Edgar W. Pope（エドガー・W・ポープ）
1959年生まれ。ワシントン大学大学院民族音楽学博士課程修了。Ph.D.
現在、愛知県立大学外国語学部国際関係学科教授。
著書に、*Songs of the Empire: Continental Asia in Japanese Wartime Popular Music* (Ph.D. dissertation, University of Washington, 2003)、『ポピュラー音楽から問う』（共著、せりか書房、2014）、『ポピュラー音楽とアカデミズム』（共著、音楽之友社、2005）、ほか。

第２章　永原　宣（ながはら　ひろむ）
1981年生まれ。ハーバード大学大学院歴史学科博士後期課程修了。Ph.D.
現在、マサチューセッツ工科大学（MIT）歴史学科准教授。
著書に、*Tokyo Boogie-Woogie: Japan's Pop Era and Its Discontents* (Cambridge, MA: Harvard University Press, 2017)、*Negotiating Censorship in Modern Japan* (London: Routledge, 2013)、『ポピュラー音楽から問う』（共著、せりか書房、2014）、ほか。

第３章　東谷　護（とうや　まもる）
奥付参照。

第４章　周東 美材（しゅうとう　よしき）
1980年生まれ。東京大学大学院学際情報学府博士課程修了。博士（社会情報学）。
現在、大東文化大学社会学部専任講師。
著書に、『童謡の近代—メディアの変容と子ども文化—』（岩波書店、2015、第46回日本童謡賞特別賞受賞、第40回日本児童文学学会奨励賞受賞）、『日本近代における〈国家意識〉形成の諸問題とアジア』（共著、勁草書房、2019）、ほか。

第５章　木本 玲一（きもと　れいいち）
1975年生まれ。東京工業大学大学院社会理工学研究科博士課程修了。博士（学術）。
現在、相模女子大学人間社会学部准教授。
著書に、『拳の近代－明治・大正・昭和のボクシング－』（現代書館、2018）、『グローバリゼーションと音楽文化－日本のラップ・ミュージック－』（勁草書房、2009）、『アーバンカルチャーズ』（共著、晃洋書房、2019）、『ソーシャルメディアと〈世論〉形成』（共著、東京電機大学出版局、2016）、ほか。

第６章　大山昌彦（おおやま　まさひこ）
1970年生まれ。東京工業大学大学院社会理工学研究科博士課程単位取得満期退学。
現在、東京工科大学教養学環准教授。
著書に、『ミュージックメディア』（共著、オーム社、2016）、『常磐線中心主義』（共著、河出書房新社、2015）、『戦後空間と米軍基地』（共著、新曜社、2014）、『若者の現代3　文化』（共著、日本図書センター、2012）、ほか。

第７章　山田晴通（やまだ　はるみち）
1958年生まれ。東京大学大学院理学系研究科博士課程退学。理学博士。
現在、東京経済大学コミュニケーション学部教授。
著書に、『文化と地域 ライブパフォーマンスの現在』（共著、ナカニシヤ出版、2017）、『インターネットと地域』（共著、ナカニシヤ出版、2015）、『ポピュラー音楽へのまなざし』（共著、勁草書房、2003）、『東京スタディーズ』（共著、紀伊國屋書店、2005）ほか。

編著者紹介

東谷　護（とうや　まもる）

1965年　神奈川県横浜市生まれ。京都大学大学院人間・環境学研究科博士後期課程修了。博士（人間・環境学）。

現　在　愛知県立芸術大学音楽学部音楽学コース教授。

著　書　『マス・メディア時代のポピュラー音楽を読み解く――流行現象からの脱却――』（勁草書房、2016）
『進駐軍クラブから歌謡曲へ――戦後日本ポピュラー音楽の黎明期――』（みすず書房、2005）
『ポピュラー音楽から問う――日本文化再考――』（編著、せりか書房、2014）
『拡散する音楽文化をどうとらえるか』（編著、勁草書房、2008）
『ポピュラー音楽へのまなざし――売る・読む・楽しむ――』（編著、勁草書房、2003）
ほか。

ポピュラー音楽再考――グローバルからローカルアイデンティティへ

2020年３月10日　第１刷発行

編著者　東谷　護
発行者　船橋純一郎
発行所　株式会社　せりか書房
〒112-0011　東京都文京区千石 1-29-12　深沢ビル2F
電話：03-5940-4700　振替：00150-6-143601
http://www.serica.co.jp
印刷　中央精版印刷株式会社
装幀　工藤強勝＋勝田亜加里

ISBN978-4-7967-0385-7